Cuaderno de práctica
Composición

Cuaderno de práctica

Composición:

Proceso y síntesis

TERCERA EDICION

Guadalupe Valdés
Stanford University

Trisha Dvorak
University of Washington

Thomasina Pagán Hannum

McGraw-Hill College

Boston   Burr Ridge, IL   Dubuque, IA   Madison, WI   New York   San Francisco   St. Louis
Bangkok   Bogotá   Caracas   Lisbon   London   Madrid
Mexico City   Milan   New Delhi   Seoul   Singapore   Sydney   Taipei   Toronto

McGraw-Hill College

A Division of *The McGraw·Hill Companies*

This is an ⊢BI book.

Cuaderno de práctica
Composición: Proceso y síntesis

This book is printed on acid-free paper.

3 4 5 6 7 8 9 0 CUS CUS 9 3 2 1 0 9

ISBN 0-07-066817-5

Editorial director: Thalia Dorwick
Sr. sponsoring editor: William R. Glass
Developmental editor: Rebecca McGuire
Sr. marketing manager: Cristene Burr
Project manager: Terri Edwards
Production supervisor: Pam Augspurger
Supplements coordinator: Louis Swaim
Editorial assistant: Beatrice Wikander
Compositor: York Graphic Services
Typeface: Galliard and Stone Sans
Printer and binder: Edwards Brothers, Inc.

Grateful acknowledgment is made for use of the following literary pieces:

Page 58 Adapted from *Natura;* 117 *Tribuna;* 181 From *De los perseguidos, de amor, de locura y de muerte* by Horacio Quiroga (Madrid: Aguilar); 183 © Juan Rulfo, 1953, and Heirs of Juan Rulfo.

http://www.mhhe.com

Contenido

Capítulo 1
La descripción

Páginas personales: Aproximaciones a la tarea

Este Cuaderno de práctica *le ofrece un lugar en donde Ud. puede explorar ideas, experimentar con varias técnicas de prerredacción, organización y revisión y trabajar con los aspectos gramaticales y el vocabulario. Aquí, en la primera sección de cada capítulo, es donde Ud. puede organizar sus apuntes y guardarlos para luego usarlos en la tarea del capítulo. Recuerde que en estas actividades* no *es necesario escribir con oraciones completas. Ud. puede anotar sus reflexiones usando palabras, frases u oraciones: lo que le venga a la mente. También puede utilizar el inglés si es necesario.*

EN SU CUADERNO...

apunte sus primeras reflexiones sobre el tema del capítulo. Describa a una persona (o un animal), una cosa o un lugar que se relacione con su juventud. ¿Qué características físicas tiene? ¿Tiene características de personalidad distintivas? ¿Cómo le afecta a Ud.? ¿Le trae recuerdos positivos? Explique.

Tabla de ideas. Complete la siguiente tabla de ideas según las instrucciones que se dan en el libro de texto (páginas 4–5).

TABLA DE IDEAS		
Persona/Animal	Lugar	Objeto

EN SU CUADERNO...

haga la redacción libre sobre el tema de un lugar importante. No se olvide de anotar las ideas que salen de esta actividad en su tabla de ideas.

_____
_____
_____
_____
_____
_____
_____
_____
_____
_____
_____
_____

Enfoque.   Haga un mapa semántico de los aspectos interesantes e importantes del tema que Ud. ha escogido. Para hacer un mapa semántico, siga los pasos a continuación.[1]

- Identifique a la persona o cosa que va a describir, escribiendo una sola palabra o frase en el centro del mapa.

- En cajas o círculos alrededor de esta palabra o frase, ponga los rasgos principales que se asocian con el tema.

- Cada uno de los rasgos principales sugerirá otros conceptos relacionados; agregue todos los que se le ocurran a las varias secciones.

Como punto de partida, considere las preguntas del texto (páginas 8–9). Recuerde que, por ahora, no debe preocuparse demasiado por el vocabulario (puede utilizar palabras en español o en inglés) ni por la ortografía. Cuando ya haya elaborado su mapa con todos los detalles posibles, puede buscar las palabras en español que no sabía o que anteriormente se le olvidaron.

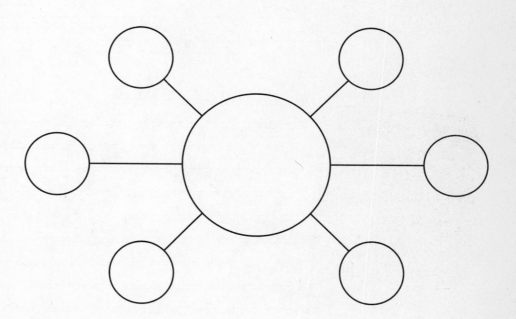

---

[1]Hay un ejemplo de un mapa semántico en la página 21 del libro de texto.

EN SU CUADERNO...

vuelva al tema que Ud. escogió antes. ¿Cuál es su propósito como escritor: divertir, informar, convencer, persuadir, expresar sentimientos o emociones personales? ¿Para quién escribe? ¿Cuál es el propósito del lector? ¿Por qué lee su escrito? ¿Qué busca?

EN SU CUADERNO...

vuelva a pensar en el tema que Ud. ha escogido para su descripción. Considere las siguientes preguntas y luego haga un mapa semántico. ¿Cómo es su perspectiva? ¿Es de admiración? ¿Es crítica? ¿objetiva? Busque palabras o expresiones que puedan revelar o expresar esta actitud. ¿Qué acciones o experiencias asocia Ud. con el tema que puedan ser la causa (o el resultado) de su actitud?

Plan de redacción: La descripción. Complete este plan de redacción para la tarea relacionada con la descripción, siguiendo los pasos que se dan en el libro de texto (páginas 18–19).

PLAN DE REDACCION: LA DESCRIPCION

1. El tema: _____

2. Mi propósito como escritor: _____

   El lector: _____

   Su propósito al leer: _____

   Preguntas cuyas respuestas el lector busca en el escrito:

   - _____

   - _____

   - _____

   - _____

3. Los detalles: _____

   _____

   _____

   _____

   _____

   _____

   _____

   _____

   _____

   _____

   _____

   _____

   _____

   _____

   _____

   _____

   _____

   _____

Ejercicios de redacción

TECNICAS Y ESTRATEGIAS

El uso de los adjetivos en la descripción

Actividad. Examine las siguientes oraciones descriptivas. Note que se ha utilizado poca imaginación en la selección de los adjetivos y de las frases adjetivales. Reescriba cada oración, agregando otros detalles y utilizando un vocabulario que refleje una imagen más viva de lo descrito.

EJEMPLO:

Oración original: La muchacha tenía las manos grandes.

Cambio: Las manos de la muchacha eran enormes, de dedos largos y gruesos.

1. El automóvil era antiguo. _____

_____

2. La mamá era joven. _____

_____

3. La cama es muy vieja. _____

_____

4. La niña nos había parecido extrovertida. _____

_____

5. La casa es moderna. _____

_____

6. Marta era una niña seria. _____

_____

7. Su papá era inteligente. _____

_____

8. La sala es un cuarto triste. _____

_____

9. El pequeño tiene ojos bonitos. _____

_____

10. La oficina estaba llena de muchas cosas. _____

_____

INTERACCIONES LECTOR/ESCRITOR

Anticipando las preguntas del lector

El éxito de cualquier escrito depende de la selección de aquella información que pueda contribuir a crear la impresión que se desea transmitir. Esta impresión se deriva del propósito que el escritor tiene pensado: ¿Por qué se escribe? ¿Qué impresión se quiere dar? ¿Qué se intenta lograr?

Para poder crear la impresión que se quiere, también hay que tomar en cuenta el propósito que puede tener la persona que va a leer el escrito: ¿Por qué lo lee? ¿Qué información tiene ya con respecto al tema? ¿Qué información busca?

Escribir bien no es abrumar al lector con toda la información que uno tiene con respecto a cierto tema. Al contrario, escribir bien es, ante todo, _seleccionar_ los datos según el propósito que se tenga y luego presentarlos de manera clara e interesante.

Actividad.   Un estudiante tuvo que escribir una descripción de su lugar favorito. ¿Cuáles son algunas de las preguntas que Ud. como lector puede hacerse sobre el lugar? A continuación hay algunas preguntas de otro estudiante. Agregue las suyas.

Información que el lector busca al leer el escrito:

1. ¿Por qué considera el lugar tan especial?

2. ¿Qué se puede ver y hacer ahí?

3. ¿A quién más le gustaría este lugar?

4. _____

5. _____

6. _____

Ahora lea la descripción. ¿Se han tomado en cuenta las necesidades del lector? Explique.

El parque

Cuando era joven, mi familia y yo vivíamos en una ciudad muy grande. Los parques eran, y todavía son, lugares fantásticos y misteriosos. Había un parque que quedaba cerca de nuestro apartamento. Era un lugar que a veces me encantaba y otras veces me daba miedo.

Mis amigos y yo pasábamos muchos fines de semana y veranos enteros patinando, corriendo y jugando en el parque. También íbamos al zoológico que se encontraba allí. Había muchos árboles y jardines. Como no estaba lejos de casa, nuestros padres nos permitían ir en grupos.

Más tarde, cuando yo ya estaba en la secundaria, me gustaba ir con uno o dos amigos para caminar y hablar de las cosas que nos interesaban y de la vida en general.

Pasé muchas horas buenas en ese lugar.

CORRECCION DE PRUEBAS: CONTENIDO Y ORGANIZACION

Actividad. Un estudiante de tercer año ha escrito una descripción de una persona importante en su vida: su abuelo. Analice cuidadosamente la descripción, contestando las preguntas 1–8. Después, complete el plan de revisión que sigue la descripción.

1. Ud. es el lector pensado. Identifique cuál es su propósito al leer la descripción: ¿visualizar al abuelo? ¿apreciar la importancia de éste a los ojos del escritor? ¿entender su importancia en otro contexto más grande? ¿tomar alguna decisión con respecto al abuelo (por ejemplo, ¿invitarlo a una fiesta? ¿darle trabajo? ¿darle un préstamo?)?

Propósito: _____

Apunte aquí cuatro o cinco preguntas relacionadas con su propósito cuyas respuestas Ud. buscará en la descripción. Después, siga con el análisis.

_____

_____

_____

_____

_____

_____

_____

Texto: Mi abuelo

Mi abuelo es bajo, calvo y un poco grueso. Mide alrededor de cinco pies y ocho pulgadas de estatura y es tan sólido como una roca. El poco cabello que tiene a los lados se le va salpicando de blanco. El brillo de sus ojos y la sonrisa amistosa de sus labios han suavizado sus facciones endurecidas por la pérdida del cabello. Siempre lleva un sombrero de vaquero que, de tanto usarlo, ya parece ser parte de él como lo es su mano derecha. Se ciñe los pantalones debajo de un vientre tan voluminoso que el del Papá Noel parecería pequeño. Las botas de vaquero que usa les dan más fuerza a sus pisadas, tanto que cuando entra en un cuarto casi vibran las paredes. Su voz es fuerte y su carácter amistoso, y

Análisis

2. ¿Qué tal acierta el escritor en contestar sus preguntas? ¿Contesta todas?

_____

_____

3. ¿Cuál es la idea principal que el escritor intenta expresar en este borrador?

_____

_____

4. ¿Se relaciona toda la información directamente con la idea pincipal? Si no, ¿qué parte(s) no viene(n) al caso?

siempre saluda hasta a los desconocidos. Nunca hay un minuto de silencio en su presencia. Inventa un cuento nuevo para cada ocasión y puede hacer que cualquier incidente, por insignificante que sea, parezca emocionante. Le gusta divertir a la gente contando siempre sus hazañas y aventuras.

_____

_____

5. ¿Hay partes en las cuales le gustaría a Ud. tener más información (explicación, ejemplos, detalles)?

_____

_____

_____

6. ¿Hay partes del texto en que de repente Ud. se encuentre «perdido/a»?

_____

_____

_____

7. ¿Captó su interés la introducción de manera que Ud. quisiera seguir leyendo?

_____

_____

_____

8. ¿Qué parte(s) del borrador le gusta(n) más?

_____

_____

_____

PLAN DE REVISION: LA DESCRIPCION [*MI ABUELO*]

1. Comentarios positivos sobre el texto:

     _____

     _____

     _____

     _____

     _____

2. La idea principal del texto: _____

     _____

     _____

     _____

     Los lectores quieren saber lo siguiente con respecto a este tema:

     _____

     _____

     _____

     _____

     _____

     _____

3. Detalles que necesitan agregarse, reorganizarse o cambiarse:

     _____

     _____

     _____

     _____

     _____

4. Otros cambios que se recomiendan:

     _____

     _____

     _____

     _____

     _____

     _____

     _____

Ejercicios de lenguaje

REPASO DE ASPECTOS BASICOS[2]

Usos especiales de los complementos pronominales

Lo «sobreentendido»

En español, tanto como en inglés, generalmente se evita la repetición de sustantivos en un discurso. En español, el sujeto simplemente se omite, si no hay ambigüedad en cuanto al referente; el pronombre del complemento directo (*direct object*) reemplaza al complemento una vez que éste queda claro dentro del contexto.

> Juan no quería llevar su **suéter** y por eso **lo** dejó en el carro. Por desgracia, cuando volvió a recoger**lo** ya no estaba. Alguien se **lo** había robado.

En inglés, el complemento de ciertos verbos puede quedar «sobreentendido» por el contexto. No es necesario expresarlo abiertamente.

1. "Can you do this for me?"
   "Yes, I can [do that]."

2. "How much does this cost?"
   "I don't know [the cost], but I'll ask [the cost]."

3. "This candidate seems intelligent, but he really isn't [intelligent]."
   "I disagree. Actually, he is intelligent but sometimes doesn't seem so."

En español, estos complementos «sobreentendidos» se expresan de manera explícita.

1. —¿Me puedes hacer esto?
   —Sí, puedo hacértelo.

2. —¿Cuánto cuesta esto?
   —No lo sé, pero lo voy a preguntar.

3. —Este candidato parece inteligente, pero en realidad no lo es.
   —No estoy de acuerdo. En realidad, es inteligente, pero a veces no lo parece.

Los siguientes verbos necesitan el pronombre **lo** para representar un complemento expresado anteriormente.

creer	estar	preguntar	saber
decir	parecer	poder	ser

Cuando acompaña los verbos **haber, tener** y **hacer,** el pronombre concuerda en número y género con el complemento a que se refiere.

---

[2]This section of the ***Cuaderno de práctica*** has no counterpart in the main text.

En las siguientes construcciones en español, el **lo** debe ser expresado, aunque en inglés queda sobreentendido. Esta construcción es muy frecuente en el español escrito. Compare los ejemplos en inglés y en castellano que se dan a continuación.

INGLES	ESPAÑOL
As the title indicates, the main idea . . .	Como lo indica el título, la idea principal...
These tendencies, as recent studies demonstrate (suggest, point out, document), are beginning to . . .	Estas tendencias, según lo demuestran (sugieren, señalan, documentan) los estudios recientes, empiezan a...
These facts are widely accepted, as many authors have cited.	Estos hechos se aceptan como creencia general, como lo han citado muchos autores.

Actividad. Exprese las siguientes oraciones en inglés. ¿Cómo se ha expresado el complemento pronominal en cada caso?

MODELO: ¿Dónde fue enterrado el zar? En realidad nadie lo sabe. → *Where was the czar buried? Really, nobody knows.* (The **lo** has no equivalent in the English version.)

1. Hay que servir la ensalada al final, como lo hacen en España. _____

   _____

2. Y los postres, si los hay, deben servirse con café. _____

   _____

3. ¿Cuál es el secreto? ¡Dígamelo! _____

   _____

4. Como lo demuestran los ejemplos, estos casos se dan con frecuencia.

   _____

   _____

5. La solución es fácil, aunque no lo parezca. _____

   _____

6. Ojalá que él pudiera controlar esas tendencias, pero sé que no

   puede hacerlo. _____

   _____

7. Todos deben estar contentos con su sugerencia y de verdad lo están.

   _____

   _____

8. Estos métodos, según lo aseguran los expertos, permiten una

   mayor eficacia. _____

   _____

9. Si tienes suerte, puedes ganar; si no la tienes, pues… _____
_____

10. El resumen interpretativo no se propone sencillamente para comprimir la materia como lo hace el resumen breve. _____
_____

Lo «redundante»

Generalmente, la función del complemento pronominal es *reemplazar* al complemento directo. Sin embargo, hay una construcción muy típica en la que el sustantivo y el pronombre ocurren en la misma oración. Cuando el complemento directo *precede* al verbo —lo cual es frecuente si el escritor quiere darle más énfasis, o simplemente variar su estilo— es necesario incluir también un complemento pronominal.

1. Esta solución no la entiendo nada.
2. Todos estos problemas los hemos visto ya.
3. (A) Los jóvenes hay que tratarlos con mucha paciencia.

En esta construcción, la forma del pronombre siempre concuerda en número y género con el sustantivo a que se refiere. Según lo demuestra el ejemplo número 3, si el complemento se refiere a una persona, la preposición **a** puede omitirse, especialmente en contextos informales.

Actividad. Cambie el orden de las palabras en las siguientes oraciones para que el complemento directo preceda al verbo. Haga los otros cambios en la oración que sean necesarios.

1. De verdad, hay que vivir esta experiencia. _____
_____

2. Ya archivé las copias; mandé llevar los originales. _____
_____

3. Encontramos este tipo de animal por toda la selva. _____
_____

4. Creo que pueden encontrar este libro en la biblioteca. _____
_____

5. Todos admiramos mucho al presidente. _____
_____

REPASO DE ASPECTOS GRAMATICALES

Ser y *estar*: Usos de mayor frecuencia

En ciertos casos, el uso de **ser** o **estar** depende únicamente de la estructura gramatical de la oración. En otros casos, es necesario analizar el significado de la oración para elegir correctamente entre los dos verbos. Si Ud. tiene que repasar las reglas para el uso de **ser** o **estar,** consulte las páginas 29–32 del libro de texto.

Usos en que el juicio se basa en la estructura gramatical

Actividad A. Lea con cuidado los siguientes pasajes. Determíne si en las oraciones indicadas el predicado es un (1) sustantivo, (2) adverbio de tiempo o (3) gerundio. Luego complete las oraciones con el presente de indicativo de los verbos **ser** o **estar** según lo pida la estructura gramatical.

1. Alicia _____ª una niña prodigio. _es_ᵇ violinista. En este momento, Alicia se _está_ᶜ preparando para un concierto. _Está_ᵈ practicando con poco entusiasmo. Generalmente los conciertos _son_ᵉ en el verano, cuando Alicia preferiría jugar con sus amigas.

2. _____ª lunes. _Es_ᵇ de noche. La oscuridad ha descendido sobre el valle. En este momento, los perros _están_ᶜ ladrando, los niños duermen y sus padres se preparan para el día siguiente. Pedro _____ᵈ policía. Su trabajo _es_ᵉ una contribución importante a la tranquilidad de todos. Hoy, como todas las noches, trabajará hasta que salga el sol.

Actividad B. Exprese las siguientes oraciones en español. Indique por qué Ud. ha usado **ser** o **estar**.

1. When is the band concert? _____

2. They were singing when the lights went out. _____

3. My cousin wants to be a lawyer when she grows up. _____

4. The children are watching a new program on TV. _____

5. Don Juan is the name of a famous character in Spanish literature. _____

6. The Aguilars are acrobats with a new circus. _____

Usos en que el juicio se basa en el significado de la oración

Actividad A. Examine los siguientes pasajes y explique por qué se ha usado **ser** o **estar** cuando estos verbos se encuentren en *letra cursiva*.

1. Margarita *es*[a] profesora de música. Hoy *está*[b] cansada porque ha trabajado mucho. Ayer tuvo una clase muy difícil. Su clase *fue*[c] en la universidad.

   a. _____
   b. _____
   c. _____

2. La biblioteca *está*[a] cerca del parque. *Es*[b] un edificio grande de arquitectura colonial. *Está*[c] abandonada porque *está*[d] en una zona de la ciudad en que se construirá la nueva carretera.

   a. _____
   b. _____
   c. _____
   d. _____

3. El auto de Jorge *es*[a] azul. *Es*[b] un sedán de marca japonesa. Esta semana el auto *está*[c] descompuesto y Jorge ha tenido que utilizar el autobús para ir y volver de la universidad. Sus clases *son*[d] en el edificio de ingeniería.

   a. _____
   b. _____
   c. _____
   d. _____

Actividad B. Examine los siguientes pasajes, analizando con cuidado el predicado de cada uno. Luego complételos con el presente de indicativo de **ser** o **estar** según lo pida su análisis.

1. La casa de mis tíos _____[a] en el estado de Misisipí. _____[b] pintada de blanco; la construcción _____[c] de ladrillo rojo.

2. Carlos _____[a] con su mamá. _____[b] un chico muy alegre, pero hoy _____[c] llorando porque no quiere ir a la escuela.

3. La sala de la casa _____[a] a la derecha de la entrada. La alfombra _____[b] verde, las cortinas _____[c] de un verde más oscuro y los muebles tapizados también _____[d] verdes.

4. El edificio _____[a] hecho de piedra. _____[b] uno de los monumentos históricos más importantes de la región.

Usos de **ser** *y* **estar** *con adjetivos*

Muchos adjetivos suelen usarse con uno u otro verbo: indican de por sí o una clasificación o un estado. Sin embargo, hay varios adjetivos que pueden usarse con ambos verbos. En estos casos el significado del mensaje cambia según el verbo que se use.

Actividad A. Explique la diferencia de significado que hay entre los siguientes pares de oraciones.

1. a. El flan es rico. _____
   b. El flan está rico. _____
2. a. ¡Qué guapa es! _____
   b. ¡Qué guapa está! _____
3. a. El examen fue largo. _____
   b. El examen estuvo largo. _____
4. a. El profesor es muy aburrido. _____
   b. El profesor está muy aburrido. _____
5. a. Esta falda es grande. _____
   b. Esta falda está grande. _____

Actividad B. Analice el siguiente diálogo, examinando con cuidado las características del predicado en cada oración. Luego complete las oraciones con el presente de indicativo de **ser** o **estar** según lo pida su análisis. ¡Ojo! Si una oración puede completarse con ambos verbos, explique el cambio que ocurre en el significado al escoger uno u otro verbo.

—María, ¿qué _____¹ comiendo?

—_____² una ensalada de lechuga. Dicen que la lechuga _____³ buena si uno _____⁴ contando las calorías.

—Pero, ¿_____⁵ tú a dieta? ¡No lo creo! ¡Tú no _____⁶ gorda!

—Acabo de comprarme un nuevo vestido para una fiesta. (El vestido) _____⁷ muy elegante, pero me queda un poco estrecho. Esto _____⁸ una buena motivación para perder unos kilos.

—¿Cuándo _____⁹ la fiesta?

—El sábado, dentro de dos semanas. ¡Quiero _____¹⁰ muy esbelta para entonces!

—Cuidado, o vas a _____¹¹ muerta también. La ensalada no _____¹² suficiente para darte las vitaminas que tu cuerpo necesita.

—Tú y tus vitaminas: _____¹³ (tú) una fanática. Yo nunca me preocupo por esas cosas, o ¿es que _____¹⁴ enferma? ¡No!

—No, pero sí _____¹⁵ algo irritable. Pero, bueno, muéstrame tu nuevo vestido. ¿Dónde lo compraste?

—En esa boutique que _____¹⁶ en la esquina de Washington y

Bolívar. Su selección _____¹⁷ muy grande y los precios en general _____¹⁸ cómodos.

—Tienes razón; tu vestido _____¹⁹ hermoso. ¿De qué material _____²⁰?

—De seda. _____²¹ un vestido para una princesa, ¿no crees?

—Bueno, a lo mejor _____²² (tú) exagerando un poco, pero (yo) _____²³ segura de que vas a _____²⁴ la reina de la fiesta si llevas ese vestido. Bueno, ya _____²⁵ tarde y debo _____²⁶ en casa. Nos vemos.

Actividad C. Exprese las siguientes oraciones en español.

1. Those gentlemen want to be here for the parade. _____
Esos Caballeros quieren ta aquí por el fila

2. The roads that come into the city are always very crowded. _____
Las calles que vienen en la ciudad están siempre muy llenos habitales

3. Please try to be ready early. We want to be at the arena before seven P.M. _____
por favor. Probe ser listo pronto. Quieren es estar en la a la antes siete. arena noche

4. That drink is not good for young children. _____
Esta bebida no es bueno para los niños jovenes

5. How's your father? I know that he's been ill. _____
¿Cómo está tu padre? Se que el estaba muy infermo. Ha estado

6. What's the new biology professor like? My friends say that she's very interesting. ___es____
_es_

7. The food in this restaurant tastes very good, and the prices are reasonable. _____
por

8. He told me that his wife is nervous and sickly. _____
esta nerviosa y riesa

9. The dinner will be in the new hotel near the convention center. ___
La cena estará en el el nuevo cerca el centro de

10. Many foreign films are excellent, but the one I saw last night was really boring. _____
son estaba estaba

CORRECCION DE PRUEBAS: FORMAS

Actividad.   Revise y corrija el siguiente pasaje, prestando atención especial a los usos de **ser** y **estar**. Note bien el contexto en que aparece cada verbo y decida si se tiene que hacer un cambio o no.

Este año la competencia final de básquetbol va a *estar*[a] en nuestra ciudad. *Estarán*[b] aquí los cuatro mejores equipos universitarios. Todavía no se sabe cuáles *serán*[c] los finalistas pero sí se sabe que los jugadores *estarán*[d] buenos, altos y fuertes. Todos *serán*[e] listos para la competencia. La ciudad, especialmente los hoteles, los restaurantes y los taxistas, se *es*[f] preparando porque vendrán muchos turistas. La universidad también ha *estado*[g] preparando la arena donde *estarán*[h] los juegos. Si todo va bien cuando *sean*[i] aquí los equipos y sus miles de aficionados, la ciudad *será*[j] mucho más animada. Muy pocos de los que vivimos aquí tendremos la oportunidad de comprar boletos para asistir a los juegos, pero *seremos*[k] frente al televisor todo el fin de semana.

a. _____
b. _____
c. _____
d. _____
e. _____
f. _____
g. _____
h. _____
i. _____
j. _____
k. _____

Siga estos mismos pasos al revisar el borrador de su propio escrito.

REPASO DE VOCABULARIO UTIL: LA REALIDAD ESPACIAL; LA DESCRIPCION DE PERSONAS

Al describir un lugar a veces se enfoca la realidad espacial. En ese caso pueden ser útiles las siguientes palabras y expresiones.

VOCABULARIO RELACIONADO CON LA REALIDAD ESPACIAL: LUGARES	
a un lado de, al lado de	en medio de, entre
a la derecha de, a mano derecha de / a la izquierda de, a mano izquierda de	encima de / debajo de
	enfrente de / atrás de, detrás de
al entrar / al salir	estar situado/a, ubicado/a, rodeado/a de
al fondo, hacia atrás / hacia enfrente, de frente	quedar
dar a	tener vista a

Las siguientes palabras y expresiones pueden ser útiles en la descripción de una persona.

VOCABULARIO RELACIONADO CON LA DESCRIPCION DE PERSONAS: ASPECTOS FISICOS	
tener:	la frente ancha, despejada la cara redonda, larga, ancha buen, mal cutis la nariz aguileña, de gancho, respingada, correcta, chata, bien perfilada los ojos almendrados, rasgados, risueños, de mirada triste, azules, verdes, claros, negros la boca pequeña, de labios bien definidos, de labios carnosos el cabello/pelo largo, ondulado, rizado, oxigenado, teñido, crespo, castaño, negro, rubio
ser de:	piel/tez morena, blanca, color canela, tersa, áspera estatura regular, buena estatura cuerpo esbelto, delgado
ser:	alto/a, bajo/a, gordo/a, grueso/a, corpulento/a
usar:	lentes, gafas, espejuelos, anteojos bigote, barba (+ prendas de ropa) sombrero, pantalones vaqueros
llevar:	(+ prendas de ropa) impermeable, abrigo
vestirse de:	(+ colores) gris, rojo, azul estilo conservador, moderno

VOCABULARIO RELACIONADO CON EL CARACTER Y LA PERSONALIDAD		
amigable	educado/a	recto/a
anticuado/a	familiar	reservado/a
brusco/a	maleducado/a	seguro/a de sí mismo/a
callado/a	parlanchín/parlanchina	serio/a
caprichoso/a	práctico/a	tener mucha gracia
cariñoso/a	presumido/a	tímido/a
coquetón/coqueta (coquetona)	realista	vanidoso/a
cortés		

Actividad A. Complete las siguientes oraciones con la palabra o frase que más convenga del vocabulario relacionado con la realidad espacial.

Cerca de mi casa hay un gran parque donde me gusta pasear los fines de semana. En un sábado típico se puede observar una escena como la que se ve en la página anterior. _Al entrar_[1] al parque se pasa bajo un arco que casi siempre está cubierto de flores. _A la derecha_[2] del arco hay rosales de diferentes variedades y durante las noches de verano los colores —y los aromas— son realmente extraordinarios. Después de pasar bajo el arco, el sendero se bifurca. Hacia _la izquierda_[3] se encuentran unos columpios y espacios abiertos. En este dibujo se ve a varios jóvenes jugando al béisbol _al fondo_[4]. Hacia _la derecha_[5] hay árboles y fuentes. _Debajo de_[6] un árbol un artista trata de captar la escena que está _delante de_[7] él. _A un lado_[8] hay un pequeño lago, lugar favorito de niños y novios. _En medio de_[9] el lago una fuentecita recoge las monedas que tiran los soñadores y sirve para mantener limpia y fresca el agua. _A un lado_[10] el lago hacen sus nidos _entre_[11] las ramas de un enorme árbol, petirrojos, azulejos y cardenales. _Hacia el frente_[12] una joven juega alegremente con su perro, que acaba de brincar _encima de_[13] ella. Se puede entrar al parque sintiéndose triste y solo, pero _al salir_[14] uno siempre se siente contento y tranquilo.

Actividad B. Imagínese que Ud. tiene una cita con una persona que no conoce. El día antes de la cita, Uds. hablan por teléfono y el/la joven le pregunta cómo es Ud. Descríbase a sí mismo/a, completando el siguiente párrafo y usando las palabras que convengan del vocabulario relacionado con la descripción de personas.

Soy una persona _____.[1] Tengo los ojos _____,[2] la nariz _____[3] y el pelo _____[4] y _____.[5] También tengo la cara bastante _____.[6] Soy de estatura _____[7] y mi piel es _____.[8] Generalmente uso _____.[9] Me gusta llevar ropa muy informal como _____[10] y _____,[11] pero mañana, para que me conozcas más fácilmente, me vestiré de _____[12] y

_____,¹³ y llevaré un clavel rojo en _____.¹⁴ Espero que nos encontremos sin dificultad.

Actividad C.   Hace muchos años un amigo de su niñez se mudó con su familia a un lugar lejos de donde Ud. se ha criado. Después de tanto tiempo sin comunicarse, Ud. acaba de recibir una carta de su amigo en la que él le menciona lo que recuerda de Ud. Usando el vocabulario relacionado con el carácter y la personalidad, complete la siguiente carta de respuesta.

¡Hola, _____!

¡Qué sorpresa me dio recibir tu carta! Me emocionó mucho saber que todavía te acuerdas de mí. Es verdad que antes yo era

_____¹ y _____.² Mi familia y mis amigos creen

que soy _____³ también.

Cuando pienso en ti, recuerdo que eras muy _____.⁴ Todos decían que eras _____⁵ también. ¿Todavía lo eres? Me acuerdo en particular del día en que mi familia te conoció. Creían que eras tan _____.⁶

Espero que me escribas para que podamos conocernos bien otra

vez. Hasta pronto,

_____

[*su firma*]

CORRECCION DE PRUEBAS: EL LENGUAJE Y LA EXPRESION

Actividad.   Revise y corrija el siguiente pasaje, prestando atención especial a los usos de **ser** y **estar**, lo «sobreentendido», lo «redundante» y adjetivos variados y expresivos. Subraye lo que se debe cambiar y utilice el espacio a la derecha para escribir las correcciones. Se han corregido los primeros errores.

Nombre _____ Fecha _____ Clase _____

Texto: Roncesvalles y el Camino de Santiago

Cambios sugeridos

En Europa se pueden seguir las rutas de tres grandes peregrinaciones: una <u>es</u> en Francia, otra en Italia y la tercera en España. La ruta que termina en España es el Camino de Santiago. Esta peregrinación <u>lo</u> pueden empezar en varios lugares en Europa. Las rutas llegan hasta los Pirineos y <u>las</u> cruzan cerca de Somport (el Camino Aragonés) y Roncesvalles (el Camino Real Francés). Esta última es la entrada más conocida, por <u>estar</u> el lugar donde antes había un hospital para los peregrinos, y parece ser la preferida.

       Roncesvalles es una aldea pequeña, en la ladera de las montañas, a 8 kms. de la frontera con Francia. Hay unas pocas casas y una posada pequeña. Dominan la aldea un monasterio y una iglesia grande. Los canónigos mantienen un refugio para los peregrinos. Los peregrinos pueden pasar la noche ahí. Es un lugar alto, oscuro, pesado. Hay que subir hasta el más alto del monasterio para llegar al refugio. Allí son los cuartos con literas para unas 50 personas. Antes de subir hay que sacar los documentos que se necesitan para seguir el Camino y poder quedarse en los refugios. También, está tradicional asistir a la misa que hay todas las tardes. Esta misa la dicen los sacerdotes para todos los peregrinos que van a salir el próximo día. Al final de la misa, los peregrinos reciben (en 5 ó 6 idiomas) la despedida y la bendición de los canónigos y de la Virgen del Camino. Esto los hacen todos, no sólo los católicos.

es → está

lo → la

las → los

estar → ser

Capítulo 2

La narración

Páginas personales: Aproximaciones a la tarea

EN SU CUADERNO...

apunte sus reflexiones relacionadas con el tema del capítulo. Piense en un acontecimiento o incidente que le haya impresionado mucho: algo que le haya pasado a Ud. o que Ud. haya presenciado o imaginado.

EN SU CUADERNO...

use la redacción libre para explorar el recuerdo de un incidente que la Actividad A (páginas 39–40 del libro de texto) le ha traído a la memoria.

_____
_____
_____
_____
_____
_____
_____
_____
_____
_____
_____
_____
_____
_____
_____
_____
_____

Tabla de ideas. Complete la siguiente tabla de ideas según las instrucciones que se dan en el libro de texto (página 41).

TABLA DE IDEAS	
Incidentes en los que yo fui...	
protagonista	observador(a)[1]

_____

[1]Es decir, Ud. presenció el incidente personalmente, o se lo contó un amigo o pariente o se enteró del incidente por la televisión, la radio o el periódico.

EN SU CUADERNO...

explore los recuerdos que
Ud. tiene de algo memo-
rable que hizo con un grupo
de parientes o amigos: una
excursión, una actividad,
una ceremonia. ¿Tiene elementos sorprendentes? No
se olvide de anotar las
ideas que salgan de esta
actividad en su tabla de
ideas.

Enfoque.   Haga un mapa semántico de los aspectos interesantes e importantes del tema que Ud. ha escogido. Como punto de partida, considere las preguntas del texto (página 45).

Nombre _____ Fecha _____ Clase _____

EN SU CUADERNO...

utilizando algunas de las técnicas indicadas en la Actividad C (páginas 47–48 del libro de texto), vuelva al tema que Ud. ha escogido y elabórelo con más detalles.

_____

_____

_____

_____

_____

_____

_____

_____

_____

_____

_____

_____

_____

EN SU CUADERNO...

vuelva al tema que Ud. escogió antes. ¿Cuál es su propósito como escritor: entretener, informar, convencer, persuadir, expresar sentimientos o emociones? ¿Para quién escribe Ud.? ¿Cuál es el propósito del lector? ¿Por qué lee su escrito? ¿Qué busca?

_____

_____

_____

_____

_____

_____

_____

_____

_____

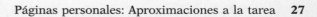

Plan de redacción: La narración. Complete este plan de redacción para la tarea relacionada con la narración, siguiendo los pasos que se dan en el libro de texto (páginas 54–55).

PLAN DE REDACCION: LA NARRACION

1. El tema: _____

2. La idea principal que quiero comunicarle a mi lector es: _____
    _____

3. Mi propósito como escritor: _____

    El lector: _____

    Su propósito al leer: _____

    Preguntas cuyas respuestas el lector busca en el escrito:

    - _____
    - _____
    - _____
    - _____

4. Los detalles: _____
    _____
    _____
    _____
    _____
    _____
    _____
    _____
    _____
    _____
    _____
    _____
    _____
    _____
    _____
    _____
    _____
    _____

Ejercicios de redacción

ASPECTOS ESTILISTICOS

I. Cómo distinguir entre el trasfondo y la acción en la narración

Al escribir una narración en español, es necesario distinguir entre lo que forma el trasfondo de la narración (la situación en que se lleva a cabo la acción) y la acción misma. Como se sabe, el trasfondo o la situación se expresa utilizando el tiempo imperfecto de indicativo, el imperfecto progresivo o el pluscuamperfecto (si se trata de una situación previa). La acción misma (lo que verdaderamente sucede en la narración) se expresa mayormente en el pretérito. Los siguientes ejercicios se concentran en enfocar la diferencia entre el trasfondo o la situación y la acción misma.

Actividad A. Examine la siguiente narración escrita en inglés. Luego coloque cada uno de los verbos en letra cursiva en el lugar que le corresponde dentro de la tabla a continuación.

> Mary *was standing* on a chair. She *was trying to fix* the same window shade that Tom *had broken* the previous Sunday. She *looked* tired. In the distance *she could hear* the children *playing* noisily and the sound of an old car *approaching* the ranch house. The car *stopped* in front of the gate. A tall, lanky man *got out* slowly. He *looked around* carefully. He *seemed* nervous and ill at ease. Finally, he *walked* toward the front door.

SITUACION PREVIA (¿Qué había ocurrido anteriormente?)	TRASFONDO (¿Qué ya estaba ocurriendo? ¿Cómo se portaban y se sentían los personajes? ¿Cómo parecían?)	ACCION (¿Qué hicieron los personajes después? ¿Qué pasó entonces?)
had broken	was standing	

Actividad B. En la siguiente tabla se han incluido las acciones de los personajes de una narración. Complete la narración, inventando y escribiendo cinco detalles que describan la situación previa y cinco que describan el trasfondo. Recuerde que para describir el trasfondo se utilizan el imperfecto o el imperfecto progresivo, según convenga.

SITUACION PREVIA	TRASFONDO	ACCION
		El hijo llegó.
		saludó a su madre.
		Se sentó.
		Le pidió dinero.
		La madre no se lo dio.
		El hijo se puso furioso.

II. Vocabulario vivo

Escribir una historia no es lo mismo que contarla oralmente. Hay que buscar la manera de expresar en lengua escrita lo que en lengua hablada se indica mediante el tono de voz, el énfasis, las pausas y los gestos. Parte de la solución radica en que el escritor escoja las palabras que expresen con precisión tanto sus ideas como su actitud. Recuerde que en general al escritor no sólo le interesa que el lector comprenda bien sus ideas; también quiere que reaccione a esas ideas de una manera específica. El poder usar un vocabulario vivo representa un recurso importante para provocar y obtener del lector la reacción deseada.

Por vocabulario «vivo» no necesariamente se quiere decir vocabulario «elegante». Un vocabulario sencillo y directo puede ser muy efectivo siempre que esté de acuerdo con el contexto general del escrito, el lector pensado y el propósito tanto del escritor como del lector. Lo que sí se debe evitar es

1. el uso frecuente de los llamados «verbos fáciles»: **dar, decir, estar, haber, ser, tener.**

2. la prolijidad: es decir, el uso de muchas palabras innecesarias y especialmente el uso de frases verbales en vez de un solo verbo.

   hay una abundancia de flores → abundan las flores

3. la repetición de los mismos vocablos a lo largo de todo el escrito.

Actividad. Examine las siguientes oraciones y busque otra manera de expresar las palabras y frases en letra cursiva.

1. La educación les *da*[a] a los jóvenes la oportunidad de *hacer mejor*[b] su vida.

   1. a. _____
      b. _____

2. Los estudiantes que *tienen*[a] proble-mas —*dijo*[b] la decana— pueden *ir a buscar ayuda*[c] a la oficina del doctor Valdebenito.

   2. a. _____
      b. _____
      c. _____

3. *Hay muchas*[a] ideas; *hay pocos*[b] re-cursos.

   3. a. _____
      b. _____

4. Muchas *personas que viven*[a] en el de-sierto *no quieren*[b] vivir en otro lugar.

   4. a. _____
      b. _____

5. Cuando *una persona*[a] aprende a es-cribir *bien*,[b] *puede*[c] expresar sus *ideas*[d] mejor.

   5. a. _____
      b. _____
      c. _____
      d. _____

INTERACCIONES LECTOR/ESCRITOR

Saber qué incluir y qué dejar fuera

En una narración, al igual que en una descripción, lo esencial es selec-cionar aquellos detalles que ayuden a crear el efecto que se desea. Uno de los factores que afectan esta selección es el propósito del escritor. Principalmente, ¿quiere informar al lector? ¿Quiere entretenerlo tam-bién? Otro factor es el lecto: ¿Quién es éste? ¿Cuál es su propósito al leer la narración? ¿Es información lo que busca? ¿Qué preguntas podrá hac-erse? ¿También quiere ser entretenido? ¿Qué tipo de detalles lo pueden divertir?

Actividad. La narración que sigue está presentada dos veces. La primera versión se destina a un lector que busca informarse sobre las consecuencias de una secuencia de eventos. El autor presume que el lec-tor tiene un interés más clínico que personal. En la segunda, el escritor se dirige a un público general que va a leer la narración más por interés que por necesidad. Utiliza un lenguaje más expresivo e incluye detalles personales. ¿Puede Ud. imaginarse las preguntas que habrán guiado al escritor en cada caso? ¿Qué otras diferencias nota Ud. entre las dos ver-siones? Escriba sus respuestas en una hoja de papel aparte.

A. La semana pasada nuestro perro tuvo un encuentro con una mofeta. Al confundirla de noche con un gato, le dio caza y ésta lo cubrió de cerca con su rociada. Lo hemos lavado repetidas veces —con jabón, con leche, con jugo de tomate, con todos los reme-dios aconsejados— pero no hemos logrado quitarle el olor. Ya que es invierno, no podemos atar al perro fuera y ahora toda la casa tiene un mal olor insoportable.

B. La semana pasada nuestro perro Júpiter tuvo —no, mejor dicho, todos nosotros tuvimos— un encuentro con una mofeta. Como de costumbre, mi esposo David y yo habíamos sacado a pasear a Júpiter antes de acostarnos. Era una noche de invierno clara y fría, una noche romántica. Caminábamos cogidos de la mano cuando de repente Júpiter paró y miró fijamente los cubos para la basura. Había percibido un movimiento extraño. En la oscuridad se vislumbró la forma de un animalillo que husmeaba los cubos. Júpiter se entusiasmó. ¡Un gato! Antes de que pudiéramos reaccionar, lo cazó para volver en seguida gimoteando. Pensé que el gato le había hecho daño, pero al acercarme me di cuenta de que estaba cubierto de un líquido amarillo que emanaba un olor espantoso. Pasamos el resto de nuestra noche romántica bañando a Júpiter. Fue inútil. El perro, el baño, nosotros, nuestra ropa, los muebles, toda la casa olía a mofeta. Hoy, igual que hace una semana, nos envuelve ese olor. Y lo que es peor, lo llevamos con nosotros al salir de casa: ¡Dos veces en la calle personas desconocidas se me han acercado para consolarme y sugerirme su propio remedio!

CORRECCION DE PRUEBAS: CONTENIDO Y ORGANIZACION

Actividad.   Un estudiante de tercer año ha escrito un cuento sobre una aventura que tuvieron dos amigos. El escribe para sus compañeros de clase (es decir, para un público que lee por interés). Analice cuidadosamente la narración, contestando las preguntas 1–7. Después, complete el plan de revisión que sigue la narración.

1. Ud. es el lector pensado. Identifique cuál es su propósito al leer la narración.

Propósito: _____

Apunte aquí cuatro o cinco preguntas relacionadas con su propósito cuyas respuestas Ud. buscará en la narración. Después, siga con el análisis.

_____

_____

_____

_____

_____

Texto: Un fin de semana memorable

Análisis

Antonio y su mejor amigo Roberto decidieron ir de excursión por el monte, el cual quedaba a unas diez millas de su pueblo. Ya no les quedaba mucho del verano y querían aprovechar sus últimos días de libertad antes de volver a la escuela.

A los dos amigos les gustaban mucho las caminatas y el camping. Estaban muy entusiasmados al hablar de la excursión. Planearon una excursión de tres días: una mañana para llegar al monte, almorzar, dos o tres horas en el monte, acampar, todo un día para caminar y explorar el monte, acampar, bajar la montaña y almorzar, volver a casa. Sabían que había cosas peligrosas en el monte y que el peligro sería mayor durante la noche. Pero el peligro mismo les atraía y les hizo más fuertes en su decisión. Hicieron una lista de todo lo que iban a necesitar y empacaron las mochilas preparándose contra toda clase de peligros: tormentas, fuego, quemaduras, rasguños, fracturas, insectos y animales feroces desde abejas hasta osos.

Los dos amigos durmieron en casa de Antonio la noche antes de comenzar su excursión. En realidad casi no durmieron nada porque estaban tan animados pensando en las aventuras que iban a pasar.

Por fin llegó la mañana. La madre de Antonio les dio un abrazo al despedirse de ellos.

—Tengan cuidado.

—No te preocupes, mamá. Estamos listos para todo —respondió Antonio. En secreto, ambos muchachos esperaban que algo (no *muy* peligroso, pero por lo menos un poco peligroso) les pasara para así causar la envidia de sus compañeros.

2. ¿Qué tal acierta el escritor en contestar sus preguntas? ¿Contesta todas?

_____

_____

_____

3. ¿Puede Ud. identificar la presentación, la complicación y el desenlace? Señálelos en el texto.

_____

_____

_____

4. ¿Qué información o detalles se podrían eliminar?

_____

_____

_____

5. ¿En qué orden se presentan los detalles? ¿Es un orden lógico? ¿Se podrían ordenar en otra forma? Explique.

_____

_____

_____

6. Revise el vocabulario que se ha usado. ¿Se repiten las mismas palabras o expresiones a lo largo de todo el escrito? ¿Podría Ud. sugerir otras? Indique dónde las pondría.

_____

_____

La primera parte de su excursión pasó sin novedad. Bajo un sol bonito, cruzaron el prado entre el pueblo y el monte en menos de tres horas. Después de almorzar, subieron al monte. Pasaron muy bien esa noche y el día y la noche siguientes. El tiempo durante esos tres días fue excelente; exploraron muchas partes del monte que no conocían, nadaron en el río, se treparon a los árboles, durmieron bajo las estrellas. Al tercer día empacaron las mochilas de nuevo y empezaron el viaje de vuelta. Al poco tiempo, entraron en el jardín de la casa de Antonio. Salió su mamá a saludarlos con mil abrazos y otras mil preguntas.

—¿Qué tal les ha ido? ¿Lo pasaron bien? Pero... ¿qué es esto? ¿Por qué tienen esas caras tan serias? ¿Qué les ha pasado? —les preguntó ella. Estaba alarmada.

—Nada, mamá —dijo Antonio—. Nos ha pasado lo peor que le puede pasar a cualquiera: nada.

7. ¿Qué información incluida podría mejorarse (es decir, con el uso de adjetivos más variados o más expresivos)?

_____

_____

_____

PLAN DE REVISION: LA NARRACION [*UN FIN DE SEMANA MEMORABLE*]

1. Comentarios positivos sobre el texto:

_____

_____

_____

_____

_____

_____

_____

2. La idea principal del texto: _____

Los lectores quieren saber lo siguiente con respecto a este tema:

_____

_____

_____

_____

_____

_____

3. Detalles que necesitan agregarse, reorganizarse o cambiarse:

_____

_____

_____

_____

_____

_____

4. Otros cambios que se recomiendan:

_____

_____

_____

_____

_____

_____

Ejercicios de lenguaje

REPASO DE ASPECTOS BASICOS

Las preposiciones *a* y *en*

1. Se usa **en** como equivalente de *at* cuando

   - se establece la localización de un objeto o una actividad en (dentro de) un lugar cerrado, como un edificio, un cuarto o una región geográfica.

Siempre estoy **en** casa a las seis y media.	*I am always at home at six-thirty.*
Estudia **en** la universidad.	*She studies at the university.*

   - se indica participación activa o pasiva en una actividad.

En la fiesta se sirvió sangría.	*Sangria was served at the party.*
Estuvimos **en** la fiesta hasta las siete y media.	*We were at the party until seven-thirty.*

2. En otros contextos, se expresa *at* con la preposición **a**. Estos usos indican

   - un punto con respecto a una barrera o un objeto.

¿Quién está **a** la puerta?	*Who is at the door?*
Estábamos sentados **a** la mesa.	*We were seated at the table.*

   - un punto en el tiempo.

¿**A** qué hora es la fiesta?	*(At) What time is the party?*
A las seis empieza la reunión.	*The meeting begins at six.*

   - precio, razón, velocidad.

La ropa está **a** un precio reducido.	*Clothing is now at a reduced price.*
La peseta está **a** 150 el dólar.	*The peseta is now at 150 per dollar.*
El carro pasó por aquí **a** velocidad máxima.	*The car went by here at full speed.*

3. En ciertas expresiones, se usa **a** para expresar *in*.

al alcance	*(with)in reach*
a consecuencia de	*in consequence of*
a tiempo	*in (on) time*

Actividad A. Lea las siguientes oraciones. Escoja el equivalente más apropiado (**a** o **en**) para expresar las palabras en letra cursiva.

1. _____ We have to leave *at* four.

2. _____ They were *at* the game *at* that time.

3. _____ We met *at* the train station.

4. _____ Did you know that they sold the eggs *at* $5.00 a dozen?

Nombre _____ Fecha _____ Clase _____

5. _____ Mortgage loans are now *at* 13 percent.

6. _____ Is your father *at* home?

7. _____ *At* times, I have trouble understanding you.

8. _____ If the elevator is now *at* the sixth floor, it will take a long time to get to us.

9. _____ What kind of food do they serve *at* that restaurant?

10. _____ The rabbi stood *at* the head of the table.

Actividad B. Subraye la preposición correcta, según el contexto, en las siguientes oraciones.

1. Llegó tarde (en, a) misa.

2. El café está (en, a) $4,00 la libra.

3. La comedia comenzó (en, a) tiempo.

4. Lo conoció (en, a) la fiesta.

5. Mis padres nunca se quedan (en, a) casa los fines de semana.

6. Mi primo toca (en, a) esa banda; allí está, (en, a) la derecha.

7. La población mundial está aumentando (en, a) un paso increíble.

8. (En, A) la ceremonia cada persona recibe un nuevo nombre.

9. Mi hermana estudia (en, a) MIT (en, a) Cambridge.

10. Mi perro Hooper siempre duerme (en el, al) pie de mi cama.

REPASO DE ASPECTOS GRAMATICALES

Los tiempos pasados (páginas 58–61 del libro de texto)

El pretérito y los tiempos perfectos

Actividad A. Explique el porqué del uso de los tiempos pasados en los siguientes casos.

1. Me *matriculé* en la universidad hace dos años pero ya *había visitado* el campus varias veces antes. _____

_____

2. ¿Qué *has hecho* para ayudar a un amigo recientemente? _____

_____

3. Mis padres se *casaron* en 1950. _____

4. No querían comer porque ya *habían comido*. _____

_____

5. ¿*Has oído* semejante tontería en tu vida? _____

_____

Actividad B. Determine si es posible reemplazar, en los siguientes casos, el presente perfecto por el pretérito y viceversa. Escriba **Sí** si es posible y **No** si no lo es.

1. _Sí_ La semana pasada *estudiamos* la descripción.
2. _Sí_ Ud. no *ha dicho* nada todo el día.
3. _No_ Ud. no *ha dicho* nada en todo el día y eso me preocupa mucho.
4. _____ ¿*Aprendieron* Uds. a usar la computadora?
5. _Sí_ ¡Dios mío! ¿Qué *has hecho*?
6. _No_ Lo *conocí* durante mi primer año aquí.

El uso del pretérito y del imperfecto en la narración

Actividad A. Complete el siguiente pasaje con la forma correcta de los verbos indicados. El tiempo debe escogerse de acuerdo con la función indicada a la izquierda.

FUNCION DEL VERBO

1. descripción
2. descripción
3. acción continua interrumpida por otra
4. acción completada
5. descripción
6. descripción
7. cambio mental
8. estado mental
9. anticipación
10. acción continua
11. acción completada
12. acción completada
13. acción limitada en el tiempo
14. acción completada
15. acción continua interrumpida por otra
16. acción completada que adelanta la narración
17. acción empezada en el pasado

En una ciudad lejana, _____¹ (haber) un castillo muy antiguo. _____² (Ser) un edificio enorme, hecho de piedra negra. Una noche, cuando todos en el castillo _____³ (dormir), _____⁴ (llegar) un hombre que _____⁵ (vestir) todo de azul. Al ver que el castillo _____⁶ (estar) en silencio, _____⁷ (decidir) esperar hasta que amaneciera para acercarse a la puerta. _____⁸ (Saber) que su llegada _____⁹ (ir) a ser una sorpresa desagradable para los que _____¹⁰ (vivir) en la gran fortaleza. Se _____¹¹ (sentar) debajo de un árbol y _____¹² (apoyar) la cabeza en el tronco para descansar. Así _____¹³ (permanecer) por varias horas. Cuando _____¹⁴ (abrir) los ojos, el sol ya _____¹⁵ (salir). _____¹⁶ (Estirar) las piernas y _____¹⁷ (caminar) hacia el castillo.

Actividad B. Siguiendo el ejemplo de la actividad anterior, identifique la función de cada verbo indicado en el siguiente pasaje.

María *empezó*[1] a cansarse después de pasar el palo que *marcaba*[2] la milla veinte. *Sintió*[3] miedo de no poder terminar la carrera. *Quería*[4] ganar. Se *imaginaba*[5] lo que dirían todos sus amigos. Pero no *podía*[6] moverse. *Sentía*[7] una pesadez increíble en las dos piernas. No *tenía*[8] fuerzas ni para dar un paso más. Llorando, casi temblando, se *dejó*[9] caer sobre el pavimento frío.

1. _____
2. _____
3. _____
4. _____
5. _____
6. _____
7. _____
8. _____
9. _____

Actividad C. Lea el siguiente pasaje y luego complételo con la forma correcta de los verbos indicados —ya sea el pretérito, el imperfecto o el pluscuamperfecto— según el contexto.

Cuando _____[1] (despertarme), ya _____[2] (saber) que algo _____[3] (estar) mal. Mi pequeño cuarto, que siempre _____[4] (estar) oscuro cuando _____[5] (levantarme) a las cinco para poder coger el tren de las seis, ahora _____[6] (estar) lleno de una terrible alegre luz. La noche anterior yo _____[7] (llegar) tarde y, cansada, _____[8] (acostarme) inmediatamente. Por la luz que ahora _____[9] (jugar) en las paredes, _____[10] (saber: yo) que no _____[11] (poner) el despertador. Enderezándome en la cama, _____[12] (mirar) el reloj. ¡_____[13] (Ser) las nueve y media! ¿Qué _____[14] (ir) a hacer? ¿Llamar y fingir enfermedad? En realidad no _____[15] (sentirme) muy bien. ¿Levantarme y vestirme? Quizás nadie _____[16] (darse) cuenta de que yo no _____[17] (estar) en mi oficina. ¿Volver a dormir? No, ya _____[18] (estar) despierta. _____[19] (Levantarme), todavía indecisa.

Actividad D. Exprese las siguientes oraciones en español.

El uso del pretérito y del imperfecto

1. The conductor was talking to some of the passengers when the train suddenly stopped. _____

2. There were many people in the room when the girl fainted. _____

3. When we were children, we often visited a park that was located near her house. _Cuando eran a menudo_ _____ _ntía cerca de la_ _____ casa

4. When did they return? I thought that they had reservations for two months. _____ _____

5. In 1925, my grandfather left the island and worked on a ship for a few months. _____ _____

6. He realized that he didn't have the money to take Lisa to the movies, but he was ashamed to tell her. _El _____ _que no tuvo dinero a _____ _____ a las películas pero tenía _____

7. After the accident happened, a man ran out the door; he was dressed in gray and wore glasses. _Después _____ _que _____ a un hombre corrió a _____ _____ ____ el llevaba _____

8. The president spoke at nine A.M., but many people couldn't listen because they were at work. _El presidente _____ _____ ____ pero mucha gente _____ por la mañana no podía _____

9. Columbo always wore an old raincoat and smoked a cigar; his questions seemed silly, but he always managed to trap the criminal. _Columbo siempre llevaba una _____ _____ vieja y fumaba un _____ _____ sus preguntas _____ _pero ____ _____

10. I remember that they used to close the schools when there was a big snowstorm. _Yo me recuerdo que cerraban_ _los escuelas cuando había un_ _____ _tormenta de nieve grande_

Otros tiempos del pasado

11. The police have arrested the man who robbed that store. _____ _____

12. We had already finished cleaning the house when he offered to help us. _____ _____

13. Did you translate that exercise yesterday? _____ _____

14. There was a big commotion because the dog was barking right outside the window. _____

_____

15. They told me what had happened, and I tried to calm them down.

_____

_____

CORRECCION DE PRUEBAS: FORMAS

Actividad A. Lea cuidadosamente los siguientes pasajes en inglés. Luego corrija el uso de las formas verbales en tiempos pasados en las traducciones al español. ¡Ojo! No todas las formas verbales son incorrectas.

1. When I saw them, the man was shouting at the woman. He looked angry. He had raised his arm as if to hit her, and I heard him mutter a curse. The woman looked sad. She was wearing a long skirt and a torn blouse. I wondered what I should do. While I was thinking, the couple disappeared. I looked around me, but I couldn't tell where they had gone. I waited for a few minutes to see if they returned, but the street remained empty.

Cuando los *veía*,[a] el hombre *estaba*[b] gritándole a la mujer. Se *vio*[c] enojado. *Levantó*[d] el brazo como para pegarle y *oí*[e] que *murmuraba*[f] una maldición. La mujer *parecía*[g] triste. *Llevaba*[h] una falda larga y una blusa rota. Me *preguntaba*[i] qué *debía*[j] hacer. Mientras *pensé*,[k] la pareja *desaparecía*.[l] *Miraba*[m] a mi alrededor, pero no *podía*[n] averiguar por dónde se *fueron*.[o] *Esperaba*[p] unos minutos para ver si *volvieron*,[q] pero la calle *permaneció*[r] vacía.

a. _____

b. _____

c. _____

d. _____

e. _____

f. _____

g. _____

h. _____

i. _____

j. _____

k. _____

l. _____

m. _____

n. _____

o. _____

p. _____

q. _____

r. _____

2. It was late. The clock struck one. Slowly the restaurant was empty-ing. Most of the others had already left. Maggie spoke first. While she spoke, she played with a pencil. Tom spoke next. He seemed older, perhaps tired.

Fue[a] tarde. El reloj *dio*[b] la una. El restaurante *empezaba*[c] a vaciarse lentamente. La mayoría de los otros ya se *fueron*.[d] Maggie *hablaba*[e] pri-mero. Mientras *habló*,[f] *jugó*[g] con un lápiz. Luego *habló*[h] Tom. *Pareció*[i] más viejo, quizás cansado.

a. _____

b. _____

c. _____

d. _____

e. _____

f. _____

g. _____

h. _____

Actividad B. Lea el siguiente pasaje con cuidado, examinando los diferentes usos de las formas verbales. Luego escríbalo de nuevo, co-rrigiendo los errores en el uso lógico de los tiempos pasados.

Elena habló mientras yo comí. Me decía que estaba queriendo que yo le ayudara con su tarea. Me explicó que su profesor fue muy exigente. Yo pensaba por un momento y luego le dije que no pude ayudarle. Le contaba que no tuve tiempo, pero no la miré a los ojos porque supe que mentí.

_____

_____

_____

_____

_____

_____

_____

_____

Actividad C. Revise y corrija el siguiente pasaje, prestando atención es-pecial tanto a los usos de **ser** y **estar** como a la concordancia de los adje-tivos.

La fiesta de María fue en el espléndido salón presidencial del Hotel

Ritz. Todo los invitados fueron bailando ahí hasta las cuatro de la

mañana. La mamá de la festejada era cansadísimo, pero su papá

estaba feliz. Los primeros en llegar estaban los miembros de la familia. Como estaba invierno, no pudieron usar los jardines del hotel

y pronto empezaron a abanicarse muchos porque tenían mucho calor.

Aunque varios ventanas eran abierto, el aire del salón era inso-

portable. María era preciosa. Su vestido estaba de seda blanco bor-

dado con pequeños perlas. Estaba de color blanco, una color que le

quedaba muy bien.

Siga estos mismos pasos al revisar el borrador de su propio escrito.

REPASO DE VOCABULARIO UTIL: LA CRONOLOGIA; REPORTANDO EL DIALOGO

Aunque en la narración se pueden presentar los hechos en varios órdenes, lo más frecuente es seguir el orden cronológico, es decir, contar los sucesos en el orden en que ocurrieron. Para ayudarle al lector a seguir el desarrollo de la acción paso por paso, pueden usarse varios adverbios y otras expresiones como los que se dan a continuación, que establecen las relaciones temporales.

VOCABULARIO RELACIONADO CON LA CRONOLOGIA	
a partir de	durante
al + *infinitivo*	en aquel entonces
al cabo de	entonces
al (día, mes, año) siguiente	luego
al final	mientras
al mismo tiempo	mientras tanto
al principio	por fin, finalmente
antes de (que)	tan pronto como, en cuanto
cuando	ya
después de (que), luego de (que)	

Como ya se indicó (página 49 del libro de texto), contar una historia oralmente no es lo mismo que escribirla, ya que el escritor tiene que buscar la manera de expresar con precisión tanto sus ideas como sus actitudes. Las palabras a continuación representan varias alternativas para referirse al diálogo en un cuento.

VOCABULARIO PARA REPORTAR EL DIALOGO	
contestar:	replicar, responder
decir:	admitir, anunciar, contar, exclamar, gritar, gruñir, lamentar, murmurar, ofrecer, prometer, recomendar, relatar, sugerir
pedir:	implorar, rogar, suplicar
preguntar:	demandar, interrogar

Actividad A.   A continuación se presenta una lista de datos sobre la vida de Miguel de Cervantes. Usando los indicios espaciales y temporales, ponga la información en orden cronológico. Luego, en una hoja de papel aparte, escriba un párrafo sobre Cervantes, usando el vocabulario relacionado con la cronología.

_____ De su juventud se sabe poco.

_____ A pesar de estar enfermo, peleó valientemente y recibió una grave herida en la mano izquierda.

_____ Se advierte la influencia latina e italiana en toda su obra literaria.

_____ Este «falso Quijote» incitó a Cervantes a apresurar la terminación de su obra y al año siguiente publicó la verdadera *Segunda parte*.

_____ Regresó a España en 1581.

_____ Sus restos fueron inhumados en el cementerio de las Trinitarias Descalzas, lugar de donde luego desaparecieron.

_____ A los veintidós años salió de España con rumbo a Italia.

_____ El matrimonio no fue feliz y pronto se separó de su esposa.

_____ Cervantes nació en 1547 en Alcalá de Henares, el cuarto de siete hijos.

_____ En una cárcel de Sevilla empezó a escribir el *Quijote*, que apareció tres años más tarde, en 1605, en Madrid.

_____ No cursó nunca estudios oficiales, pero leyó mucho y conoció bien las letras clásicas.

_____ El 7 de octubre de 1571 combatió contra los turcos en la célebre batalla naval de Lepanto.

_____ Estuvo prisionero en Argel por cinco años antes de ser rescatado.

_____ A pesar del gran éxito de su obra maestra, Cervantes murió pobre y solo.

_____ A la edad de treinta y siete años, se casó con la hija de unos hidalgos campesinos.

_____ Pero los infortunios de Cervantes, lejos de terminar, se acrecentaron.

_____ Falleció el 23 de abril de 1616.

_____ Después de vivir seis años en Italia, fue capturado por piratas berberiscos y llevado al cautiverio en Argel.

_____ En 1614 apareció una segunda parte del *Quijote,* escrita por Alonso Fernández de Avellaneda.

_____ Por eso se le llama el Manco de Lepanto.

_____ Llevó una vida miserable, llena de preocupaciones y disgustos y siempre con grandes dificultades económicas.

Actividad B. Complete el párrafo con palabras o frases de esta lista.

al	después de	luego
al cabo de	en aquel entonces	mientras
antes de	entonces	por fin
cuando	finalmente	tan pronto como

El verano _____[1] mi último año de secundaria me di cuenta de que no me quedaba mucho tiempo para decidir dónde iba a hacer mis estudios universitarios. _____[2] empezar el año escolar fui a hablar con mi consejero. Me dio muchos folletos y catálogos para leer y _____[3] me hizo preguntas acerca de mis intereses y habilidades. _____[4] esta entrevista me sugirió varias universidades y programas. _____[5] me dijo que debería escribir a cada universidad y pedir información y una solicitud. _____[6] esperaba, sufrí los exámenes de aptitud para los estudios universitarios. _____[7] llegaron las solicitudes y la información que había pedido, las leí, decidí cuáles me interesaban más y llené las solicitudes. Mandé todo para fines de diciembre y _____[8] me tocó esperar otra vez. _____[9] unos meses, más o menos a mediados de abril, recibí cartas de dos universidades en las que me decían que me aceptaban en su programa. Hablé muchas horas con mis padres y _____[10] decidí asistir a esta universidad.

Actividad C. Lea cada diálogo. De la lista de verbos que encabeza cada diálogo, escoja el que con más claridad complete la oración y escríbalo en la forma apropiada.

a. admitir, preguntar, pedir **c.** protestar, rogar, ofrecer

b. anunciar, recomendar, responder **d.** lamentar, exclamar, relatar

1. —¿Cuándo me traerán Uds. los libros? —_____[a] Felipe—. Ya saben que tengo que usarlos para hacer un trabajo de investigación.

   —No te preocupes —_____[b] Cristina—. Eva y yo te los traemos dentro de una semana.

—Pero los necesito antes —_____[c] el muchacho—. Me
queda mucho que hacer.

—¡Cálmate! —_____[d] [ella]—. Todavía nos quedan tres
semanas para entregar el trabajo.

a. replicar, suplicar, recomendar **c.** lamentar, gruñir, admitir

b. murmurar, contar, preguntar **d.** responder, sugerir, ofrecer

2. Andaba yo por las calles atestadas de la ciudad cuando un niñito
se me acercó y me _____:[a]

—Ayúdeme, por favor. No encuentro mi perrito.

—Y ¿cómo es tu perrito? —le _____.[b]

—Es blanco y negro y lleva un pañuelo rojo en el pescuezo. Salió
corriendo tras otro perro y ahora no sé dónde está
—_____[c] el niño.

—Bueno, ¿por qué no lo buscas en tu casa?

—_____[d] yo—. Quizás volvió allí cuando se cansó
de correr.

a. decir, contar, relatar **d.** rogar, preguntar, relatar

b. responder, prometer, gritar **e.** admitir, decir, exclamar

c. murmurar, admitir, responder **f.** contestar, anunciar, demandar

3. —Voy a contarte un secreto —_____[a] mi hermanito—
pero tienes que prometer que no se lo dirás a nadie.

—Por supuesto —_____[b] yo—. Nunca repito los secretos. Dime.

—Pues, mamá y papá me van a regalar una bicicleta
—_____.[c]

—Y ¿cómo lo sabes? —_____,[d] intrigado.

—Les oí decir que yo merecía un gran regalo por haber sacado tan
buenas notas y, como no tengo una, ¡eso seguramente será el regalo! —_____.[e]

—No creo que sea así. Yo tuve que comprar mi propia bicicleta
aunque también sacaba buenas notas. Voy a sugerirles que te re-
galen una enciclopedia para que estudies más
—_____[f] en tono altivo.

CORRECCION DE PRUEBAS: EL LENGUAJE Y LA EXPRESION

Actividad. Revise y corrija el siguiente pasaje, prestando atención especial a los usos de **en** y **a**, de los complementos pronominales, del pretérito y del imperfecto y a la selección de **ser** y **estar**. Note bien el contexto en que aparecen cada verbo y las preposiciones **en** y **a**, y determine si tiene que hacer un cambio o no. Subraye lo que se debe cambiar y utilice el espacio a la derecha para escribir las correcciones. Se han corregido los primeros errores.

Texto: La carrera

Cambios sugeridos

El corredor <u>fue</u> por la calle con todos los otros. <u>Estaba</u> la tarde de la gran carrera. La calle donde <u>fueron</u> a correr la milla estaba <u>en el</u> lado de la playa, pero <u>hizo</u> un calor increíble y los atletas no <u>supieron</u> si podrían <u>correrlo</u> en menos de cuatro minutos. Aunque todos ya habían participado en otras competencias, este calor era un nuevo obstáculo.

Los atletas tomaban sus posiciones, se agachaban y esperaban. El silencio estuvo lleno de tensión. De repente se oyó el disparo de la pistola y los corredores saltaron hacia adelante. Hubo muchas personas a los dos lados de la calle animando a los corredores. Al llegar en los 1500 metros uno de los corredores empezó a alejarse de los otros. A pesar del calor y la humedad parecía que voló. Por fin, allí estaba la cinta que marcó el final. Lo vio y se lanzaba hacia ella levantando las manos en triunfo. Había acabado en tres minutos y cincuenta y cuatro segundos. El que le seguía cruzaba la línea en tres minutos y cincuenta y siete segundos. Así, la primera milla de la carrera de Río de Janeiro la terminaban dos corredores en menos de cuatro minutos.

fue → iba

Estaba → Era

fueron → iban;   en el → al

hizo → hacía

supieron → sabían

correrlo → correrla

Capítulo 3

La exposición (Parte 1)

Páginas personales:
Aproximaciones a la tarea

EN SU CUADERNO...

repase los tipos de redacción con los que tiene experiencia: cartas, ensayos, apuntes y observaciones informales, poemas o cuentos, evaluaciones de sus clases o de sus profesores. ¿Qué tipo de redacción hace Ud. con más frecuencia? ¿con menos frecuencia? ¿Qué tipo le gusta más? ¿Por qué?

Tabla de ideas. Complete la siguiente tabla de ideas según las instrucciones que se dan en el libro de texto (páginas 75–77).

TABLA DE IDEAS		
Tema general	*Pregunta #1*	*Pregunta #2*

La redacción libre. Haga la redacción libre sobre un tema que Ud. ha apuntado en su tabla de ideas y una de las preguntas de enfoque indicadas en la tabla para ese tema. Escriba por cinco minutos sin parar. Después, examine lo que acaba de escribir. ¿Cuál parece ser la idea principal? Resuma la idea principal en una oración. Agregue esta idea a su tabla de ideas.

_____

_____

_____

_____

_____

_____

_____

EN SU CUADERNO...

explore más el tema de los comportamientos «normales» que pueden convertirse en drogas. Haga una lista de estos comportamientos (ir de compras, comer dulces, hacer ejercicio, navegar la red mundial, etcétera). Después, examine la lista para llegar a una manera de clasificar las actividades (¿Cuáles de verdad pueden convertirse en drogas? ¿Cuáles son peligrosas para hombres y cuáles para mujeres?) o de analizarlas (¿Cuáles son sus características principales? ¿Cuáles son las características de las personas que suelen «consumir» estas «sustancias»?).

Enfoque.   Repase la tabla de ideas y los apuntes de las varias actividades que Ud. ha hecho hasta este punto. Escoja un tema que le interesa personalmente. Haga un mapa semántico de los aspectos del tema que le parecen interesantes e importantes, siguiendo las sugerencias que se dan en el libro de texto (página 83).

_____

_____

_____

_____

_____

_____

_____

_____

_____

_____

_____

_____

_____

_____

_____

_____

EN SU CUADERNO...

vuelva al tema que Ud. escogió antes. Analice a su lector anticipado. ¿Qué sabe ya respecto al tema? ¿Qué quiere saber? ¿Cuál es su actitud hacia el tema?

_____

_____

_____

_____

_____

_____

_____

_____

_____

EN SU CUADERNO. . .

examine el tema y los datos que ha reunido para su escrito. ¿Le parece que incluir algunas citas añadiría algo útil o interesante al escrito? ¿Por qué? ¿Qué tipo de citas sería apropiado? ¿Dónde las puede encontrar?

EN SU CUADERNO...

explore más el tema del «lenguaje especial». Tome en cuenta las siguientes preguntas. ¿Cuáles son las características de un lenguaje especial? ¿de las personas o los grupos que lo desarrollan? ¿Cuáles son las motivaciones de quienes lo desarrollan? Y ¿cuáles son los contextos en los que se suele utilizar un lenguaje especial?

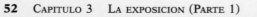

Plan de redacción: La exposición.   Complete este plan de redacción para la tarea relacionada con la exposición, siguiendo los pasos que se dan en el libro de texto (páginas 92–93).

PLAN DE REDACCION: LA EXPOSICION

1. El tema: _____

2. La idea principal que quiero comunicarle a mi lector es: _____

   _____

3. Mi propósito como escritor: _____

   El lector: _____

   Su propósito al leer: _____

   Preguntas cuyas respuestas el lector busca en el escrito:

   - _____
   - _____
   - _____
   - _____

4. Los detalles: _____

   _____

   _____

   _____

   _____

   _____

   _____

   _____

   _____

   _____

   _____

   _____

   _____

   _____

   _____

   _____

Ejercicios de redacción

TECNICAS Y ESTRATEGIAS

I. La precisión al escribir una tesis

Una tesis bien escrita contiene:

1. un tema limitado

2. un comentario preciso

EJEMPLO:

Tema limitado:	Los perros pastor alemán se utilizan para guiar a los ciegos
Comentario preciso:	porque son fuertes, inteligentes y nobles.

Note la diferencia entre la tesis ya citada y la siguiente.

Tema general:	Los perros se utilizan para muchas cosas
Comentario impreciso:	por varias razones.

Actividad A.   Limite el tema de cada una de las tesis que se presentan a continuación y precise el comentario sobre el mismo.

1. Los estudios son muy importantes.
   (¿Qué estudios? ¿En qué forma son importantes?)

   _____

   _____

   _____

2. Las dictaduras son malas para los países.
   (¿Qué dictaduras? ¿En qué forma son malas? ¿Para qué países?)

   _____

   _____

   _____

3. El sistema judicial no considera a las víctimas de los crímenes.
   (¿Qué sistema judicial? Explique lo que quiere decir en este caso **considera.**)

   _____

   _____

   _____

4. La novela *1984* es muy interesante.
   (¿Qué quiere decir **interesante**?)

   _____

   _____

   _____

5. El problema del desempleo es muy grave.
   (Límite: hable del problema con relación a un solo lugar. Precise la
   palabra **desempleo.** ¿Qué tipo de desempleo? ¿masculino? ¿juve-
   nil? ¿estudiantil? Explique lo que quiere decir **grave.**)

   _____

   _____

   _____

Actividad B.   Elabore una tesis precisa para cada uno de los siguientes
temas generales.

1. El divorcio

   _____

   _____

   _____

2. La democracia

   _____

   _____

   _____

3. El prejuicio

   _____

   _____

   _____

4. El crimen

   _____

   _____

   _____

5. Las drogas

   _____

   _____

   _____

II. La organización lógica en el análisis y la clasificación

El análisis contesta la pregunta «¿De qué partes o elementos se compone la entidad que se presenta?» La clasificación contesta la pregunta «¿Cuáles son las diferentes clases de esta entidad?» En los dos casos se requiere que la división en partes o la categorización de las entidades se haga lógicamente. Debe haber un paralelo claro entre las clases que se enumeran y las partes en que se divide una entidad.

EJEMPLO: *Tesis de una clasificación*

Tesis mal organizada: En los Estados Unidos, las universidades pueden clasificarse en universidades católicas, universidades públicas y universidades pequeñas.

Tesis organizada lógicamente: En los Estados Unidos, las universidades pueden clasificarse en universidades públicas y universidades particulares. Estas últimas pueden dividirse en universidades religiosas y universidades laicas.

Actividad A.   *Tesis apropiadas para un análisis:* En la siguiente actividad, examine y note los errores lógicos en la organización de las tesis. Escríbalas nuevamente, haciendo los cambios necesarios.

1. Las partes principales de un libro son el forro, las páginas, el

   índice de materias y el índice general. _____

   _____

   _____

2. Un juego de vajilla incluye platos llanos, tazas y platos soperos. ___

   _____

   _____

3. El automóvil tiene cuatro partes importantes: el motor, el radio, la

   carrocería y los asientos. _____

   _____

   _____

4. Una exposición incluye las siguientes partes: los párrafos, el título

   y la oración temática. _____

   _____

   _____

5. La bicicleta se compone del manubrio, las ruedas, los frenos, los rayos y la cadena. _____

_____

_____

Actividad B.   *Tesis apropiadas para un ensayo que utiliza la clasificación:* En la siguiente actividad, examine y note los errores lógicos en la organización de las tesis. Escríbalas nuevamente, haciendo los cambios necesarios.

1. Hay varios tipos importantes de vino: el vino francés, el vino tinto, el vino de California y el vino blanco. _____

_____

_____

2. Los estudiantes de una universidad pueden dividirse en tres grupos: los inteligentes, los deportistas y los dedicados (los jóvenes a quienes les gusta estudiar mucho). _____

_____

_____

3. Los tres tipos de novela son la novela romántica, la novela policíaca y la novela picaresca. _____

_____

_____

4. Recientemente se han hecho películas con uno de los siguientes temas: el divorcio, la comedia, el mundo fantástico y el horror. ____

_____

_____

5. Los jugadores de fútbol pueden ser de dos tipos: los gordos y los verdaderos atletas. _____

_____

_____

INTERACCIONES LECTOR/ESCRITOR
La caracterización del lector

Tanto para enfocar el tema como para decidir la mejor manera de organizar y presentar la información, el escritor tiene que tomar en cuenta al lector a quien se dirige. ¿Qué sabe ya éste del tema? ¿Cuál puede ser su actitud al respecto? ¿Qué necesita saber? Es decir, ¿qué información busca en el texto escrito? Muchas veces el escritor inexperto se deja guiar por todo lo que él sabe acerca de un tema, sin reflexionar sobre las necesidades del lector. En este caso, es probable que el lector logre entender lo que *dice* el escritor sin poder apreciar *su intención*.

Actividad. El siguiente texto fue escrito con el propósito de informar al público en general sobre la orca y la necesidad de proteger a este animal de la caza indiscriminada. Antes de leerlo, caracterice Ud. a este lector en particular y haga algunos apuntes en los siguientes espacios.

1. ¿Qué sabrá ya este público acerca del tema? ¿Sabrá mucho? ¿poco? ¿Tendrá información técnica? _____

   _____

   _____

2. ¿Cuál será su actitud con respecto al tema? ¿Será positiva? ¿negativa? ¿indiferente? _____

   _____

3. Si este texto sirve para darle información al lector para que pueda tomar una decisión con respecto a la supervivencia de este animal, ¿qué preguntas se hará al leer el texto? _____

   _____

   _____

La orca

La orca pertenece a la clase de los mamíferos y al orden de los cetáceos. Otros miembros de este orden incluyen los cachalotes. La orca es prima del delfín, ya que ambos pertenecen a la familia de los delfínidos. La orca macho puede llegar a medir hasta nueve metros, mientras que la hembra apenas llega a los cinco metros. Esto la hace el mayor de todos los delfínidos, de forma más robusta y pesada que el resto de los delfines. Pesa entre 800 y 1.000 kilogramos.

Los machos se destacan por la gran aleta dorsal, de forma triangular, que alcanza hasta dos metros de longitud; en las hembras esta aleta es de menor tamaño y ligeramente curvada hacia atrás. Los dos tienen fuertes y grandes mandíbulas dotadas de 10 a 13 dientes cónicos. El dorso es negro; la parte ventral es blanca. Se caracteriza por la media luna blanca que tiene detrás de la aleta dorsal y también por una amplia mancha blanca sobre el ojo.

La orca puebla todos los mares del mundo, sin excepción, incluidos los polares. Visita el litoral español y ocasionalmente se interna en el Mediterráneo.

Su actitud francamente cazadora es su característica más notable. Grupos de orcas han llegado a atacar a cachalotes y otros grandes cetáceos. Su fama de «ballenas asesinas», basada en infundadas leyendas muy antiguas, es injustificada, ya que las orcas poseen un carácter poco agresivo hacia el hombre. Su gran inteligencia hace que sean frecuentes inquilinos de los acuarios. Viven en manadas familiares guiadas casi siempre por un gran macho. Su período de gestación es de 11 a 12 meses.

En su opinión, ¿es efectivo este ensayo si su propósito es proteger a la orca? ¿Por qué sí o por qué no? ¿Para qué tipo de lector es más apropiado? ¿Por qué? ¿Qué sugerencias le haría Ud. al escritor? Escriba sus respuestas en el espacio a continuación.

_____

_____

_____

_____

_____

_____

_____

_____

_____

_____

CORRECCION DE PRUEBAS: CONTENIDO Y ORGANIZACION

Actividad.   Una estudiante de tercer año ha escrito una exposición en la que presenta una clasificación del hombre basada en la personalidad o carácter de éste. Escribe para sus compañeros de clase (es decir, para un público que lee por interés). Analice cuidadosamente la exposición, contestando las preguntas 1–8. Después, complete el plan de revisión que sigue la exposición.

1. Ud. es el lector pensado. Identifique cuál es su propósito al leer la exposición.

   Propósito: _____

   Apunte aquí cuatro o cinco preguntas relacionadas con su propósito cuyas respuestas buscará en la exposición. Después, siga con el análisis.

   _____

   _____

   _____

   _____

   _____

Texto: El hombre

Lo más importante para algunas mujeres es el hombre. A veces no pueden vivir sin él. Pero no todos los hombres son iguales. Hay tres tipos de hombre: el hombre macho, el hombre tímido y el hombre moderno.

El hombre macho tiene las costumbres de un hombre de siglos pasados. Este creía que las mujeres servían solamente para cocinar, limpiar y tener hijos. El hombre macho hace exactamente lo mismo. Trata a las mujeres como si fueran esclavas. El hombre macho se cree mucho y cree que las mujeres son inferiores.

El hombre tímido parece tener miedo y estar incómodo por una razón u otra. A veces se debe a que tuvo hermanas que lo vestían como niña. O a lo mejor su papá o sus hermanos eran muy machos y le hacían burla porque él no lo era. Después es posible que haya empezado a portarse como un hombre tímido.

El hombre moderno es un hombre sensible y seguro de sí mismo. Es sensible porque puede discutir problemas y hablar de otras cosas con una mujer. La trata como si fuera una persona. Este hombre también sabe cuándo es necesario imponerse y cuándo no. Tampoco se siente inferior por no poder hacer algunas cosas. El hombre moderno es una buena combinación de los otros dos.

Es verdad que un hombre puede ser necesario en la vida de una mujer. Sin embargo, es importante distinguir entre los tres tipos de hombre y determinar cuál es el mejor para una.

Análisis

2. ¿Qué tal acierta el escritor en contestar sus preguntas? ¿Contesta todas?

_____

_____

3. ¿Cuál es la idea principal que el escritor intenta expresar en este borrador?

_____

_____

4. ¿Se relaciona toda la información directamente con la idea principal? Si no, ¿qué parte(s) no viene(n) al caso?

_____

_____

5. ¿Hay partes en las cuales le gustaría a Ud. tener más información (explicación, ejemplos, detalles)?

_____

_____

6. ¿Hay partes del texto en que de repente Ud. se encuentre «perdido/a»?

_____

_____

7. ¿Captó su interés la introducción de manera que Ud. quisiera seguir leyendo?

_____

_____

8. ¿Qué parte(s) del borrador le gusta(n) más?

_____

_____

PLAN DE REVISION: LA EXPOSICION [*EL HOMBRE*]

1. Comentarios positivos sobre el texto:

———————————————————————
———————————————————————
———————————————————————
———————————————————————
———————————————————————
———————————————————————

2. La idea principal del texto: ——————————————————

Los lectores quieren saber lo siguiente con respecto a este tema:

———————————————————————
———————————————————————
———————————————————————
———————————————————————
———————————————————————
———————————————————————

3. Detalles que necesitan agregarse, reorganizarse o cambiarse:

———————————————————————
———————————————————————
———————————————————————
———————————————————————
———————————————————————

4. Otros cambios que se recomiendan:

———————————————————————
———————————————————————
———————————————————————
———————————————————————
———————————————————————
———————————————————————

Ejercicios de lenguaje

REPASO DE ASPECTOS BASICOS

Las preposiciones *por* y *para*

Los usos más frecuentes de **por** y **para** se resumen en el siguiente esquema.

Por[1]	*Para*[1]
1. *Razón, motivo, explicación*	1. *Propósito, objetivo*
Lo pusieron en la cárcel **por** robar. *They put him in jail for (because of) robbery.*	La abogada fue a la cárcel **para** visitar a su cliente. *The lawyer went to the jail (in order) to visit her client.*
Estudio **por** mis padres. *I study for (on account of) my parents.*	Estudio **para** (ser) médico. *I am studying (in order) to be a doctor.*
Fue a la tienda **por** leche. *He went to the store for (on account of, in search of) milk.*	Este regalo es **para** ti. *This present is for you.*
2. *Tránsito por el tiempo o el espacio*	2. *Destinación, límite*
Caminaron **por** el parque. *They walked through the park.*	Caminaron **para** el parque. *They walked toward the park.*
Vamos a estar allí (**por**) tres semanas.[2] *We are going to be there (for) three weeks.*	Hay que hacer esto **para** mañana. *You have to do this for (by) tomorrow.*
3. *Cambio de objetos o personas*	3. *Propósito*
Les dio $15,00 **por** el dibujo. *She gave them $15.00 (in exchange) for the drawing.*	Les dio $15,00 **para** su colecta. *She gave them $15.00 for the collection they were taking.*
Tengo que trabajar **por** mi hermana esta noche; está enferma. *I have to work for my sister (in her place) tonight; she is ill.*	Robert Kennedy trabajó como «attorney general» **para** su hermano John. *Robert Kennedy worked as attorney general for his brother John.*
Lo tomaron **por** liberal. *They took him for (confused him with) a liberal.*	

[1]Note que en la mayoría de los casos **para** se asocia con los conceptos de *propósito* y *destinación*, mientras que **por** se asocia con *razón* y *tránsito*.
[2]Este uso de **por** ya no es muy frecuente; lo más común es eliminar la preposición antes de la expresión de tiempo: *Vamos a estar allí tres semanas.*

Por	Para
4. *Razón, explicación*	4. *Comparación, opinión*
Tiene mucha gracia en sus movimientos **por** haber practicado el ballet.	**Para** haber practicado el ballet, tiene muy poca gracia en sus movimientos.
He moves very gracefully because of having practiced ballet.	*For (in spite of) having practiced ballet, his movements are not very graceful.*
Mi perrito es muy juguetón **por** su edad.	Mi perro es muy juguetón **para** su edad.
My puppy is very playful for (because of) his age.	*My dog is very playful for (in comparison with others of) his age.*

Actividad A. Exprese las siguientes oraciones en inglés. Note la diferencia de significado entre cada uno de los pares.

1. a. Se hizo médico para sus padres. _____

   _____

   b. Se hizo médico por sus padres. _____ did it for them

   _____

2. a. Lo haré para mañana. _____

   _____

   b. Lo haré por la mañana. _____

   _____

3. a. Quiere diez dólares para el libro. _____ to buy the book

   _____

   b. Quiere diez dólares por el libro. _____ to sell the book

   _____

4. a. Salió para el campo. _____ for the camp

   _____

   b. Salió por el campo. _____ thru

   _____

5. a. Trabajo para mi tía. _____ for her

   _____

   b. Trabajo por mi tía. _____ on behalf of her

   _____

Actividad B. Complete cada oración con **por** o **para,** según el contexto. En algunas oraciones se pueden usar las dos preposiciones a la vez. Explique el significado de la oración con la preposición que Ud. elija.

1. ¿Cuánto tuvieron que pagar _____ los textos?

2. Saldrán _____ Montreal mañana _____ la mañana.

3. _____ un niño, es muy serio.

4. Mi hija estudió _____ arquitecta.

5. Fueron _____ el parque y llegaron pronto.

6. Esos viejitos siempre se pasean _____ la plaza mayor.

7. A Luisito lo castigaron _____ decir malas palabras.

8. ¿_____ cuántos años has estudiado la guitarra?

9. Hicimos una cita con el dentista _____ el jueves.

10. Me indicó que tenía un regalo _____ mí.

11. Le dieron el trabajo _____ su experiencia.

12. Fui a la ventanilla _____ los boletos.

13. Los días lluviosos son buenos _____ ir a los museos.

14. Enviaron _____ un electricista cuando se apagaron las luces.

15. Mi cuñada trabaja los fines de semana _____ ganar más dinero.

Actividad C. Exprese las siguientes oraciones en español.

1. You speak Spanish very well for a North American. _____

_____

2. Spanish has always been easy for me. _____

_____

3. I'm going to the bookstore for some notebooks. Shall I buy some

for you as well? _____

_____

_____

4. Luisa prefers to work during the afternoon in order to have her

mornings free. _____

_____

5. The Rosenbergs were executed for treason. Their accusers said

that they were working for the Soviets. _____

_____

_____

6. For your information, I did not rob that bank for money. I did it out of curiosity, simply to see if I could. _____

_____

_____

7. For many years Charles thought that his real parents were dead. For that reason, he made no attempt to find out more about them.

_____

_____

_____

8. For many animals, the maternal instinct ends with the laying of eggs, which are then abandoned. Other animals work very hard to protect their offspring and would even give their life for them.

_____

_____

_____

REPASO DE ASPECTOS GRAMATICALES

La voz pasiva (páginas 97–102 del libro de texto)

La voz pasiva con ser

Actividad A. Convierta estas oraciones a la voz pasiva con **ser.**

1. El dueño vendió la casa. _____

_____

2. Los relámpagos encendieron los árboles. _____

_____

3. Felipe devolverá el regalo. _____

_____

4. Los criados habían preparado la cena. _____

_____

5. Los cristianos vencieron a los moros. _____

_____

6. La clase ha presentado varias obras de García Lorca. _____

_____

Actividad B. Complete las siguientes oraciones con expresiones pasivas.

1. Mi libro favorito _____ .

2. Nuestro mejor presidente _____ .

3. La Tercera Guerra Mundial _____ .

4. Mi pintura favorita _____.

5. El aparato más útil de este siglo _____.

Actividad C. Indique con una **X** las oraciones que *no* se pueden expresar en la voz pasiva con **ser** y explique por qué.

1. _____ El maestro me dio el libro. _____

2. _____ Oyeron la campana a medianoche. _____

3. _____ El niño pronunció la palabra. _____

4. _____ Los Maldonado compraron el barco. _____

5. _____ El mesero estaba escribiendo el menú. _____

6. _____ Quieren a Magdalena. _____

7. _____ Los soldados perdieron la batalla. _____

8. _____ El guardia abrió el banco. _____

9. _____ Ya hablaron con el presidente. _____

10. _____ Fernando encontrará el gato. _____

Actividad D. Convierta a la voz pasiva con **ser** todas las oraciones de la actividad anterior que se presten a esta construcción.

1. _____

2. _____

3. _____

4. _____

5. _____

6. _____

7. _____

8. _____

9. _____

10. _____

Actividad E. Exprese las siguientes oraciones en español.

1. The house was built twenty-five years ago by Mr. Marino's company. _____

_____

2. The student government was controlled by the university administration. _____

_____

3. The mayor was invited by a committee of concerned citizens. _____

_____

_____

4. Her ideas were accepted by everyone who attended the meeting.

_____

_____

5. The witness was interrogated by the lawyers for the defense. _____

_____

_____

La voz pasiva refleja

Actividad A.   Convierta estas oraciones a la voz pasiva refleja.

1. Vieron al soldado. _____

2. Hablan español aquí. _____

3. Vendieron más autos este año que el año pasado. _____

_____

4. ¿Traerán más comida mañana? _____

_____

5. No entienden a los inmigrantes. _____

_____

6. Visitaron los museos. _____

7. Visitaron a los enfermos. _____

Actividad B.   Exprese las siguientes oraciones en español.

1. Some of my favorite songs were written in the sixties. _____

_____

2. At what time do the grocery stores in this town open? _____

_____

3. All his friends have been invited. _____

_____

4. Many artifacts are being donated to the museum. _____

_____

5. Before the day was over, all the letters had been written and sent.

_____

_____

6. During the fall months, the birds were seen every day. _____

_____

7. The students have been sent the necessary information. _____

_____

La reflexiva impersonal

La reflexiva impersonal es una construcción que equivale a las construcciones indefinidas inglesas *one, they, it* y *you* coloquial. Utiliza el pronombre reflexivo **se** y el verbo en tercera persona singular. Uno de los usos más importantes de la reflexiva impersonal es su empleo para dar un tono formal y objetivo a un escrito: reemplaza a las expresiones informales como **mucha gente** o **las personas** y evita el uso de un pronombre personal: **Ud.** piensa, **tú** sabes.

REFLEXIVA IMPERSONAL	ANALISIS
Se piensa que el hombre murió en la guerra. *It is believed [They believe] that the man died in the war.*	*El sujeto es general, impersonal —no se refiere a ninguna persona o grupo en particular como agente del verbo* **pensar.**
Se vive bien ahí. *People [One, You] live well there.*	*El sujeto no es una persona específica, sino un sujeto general e impersonal.*
Primero **se va** a la derecha y luego **se va** a la izquierda. *First you go to the right and then you go to the left.*	*El sujeto no se refiere a una persona determinada* [**Ud.**] *sino a cualquier persona.*

Actividad A. Exprese las siguientes oraciones en español, usando la construcción reflexiva impersonal.

1. One can see the moon from here. _Se puede ver la luna desde aquí._

2. People think that Tom is a genius. _Se piensa que Tom es un genio._

3. A lot is heard about war and violence. _Se oye mucho sos de guerra y violencia_

4. They say that she is his mother. _Se dicen que ella es su madre._

5. It is the classic dilemma: You don't ask questions because you don't know enough to know what you don't understand. _____
Es un dilema clásico: No se preguntan porque no sabe. Suficiendo a saber que no se comprende.

6. You can't learn unless you practice. *No puedes aprender a menos que se practique.*

Actividad B. Examine las siguientes oraciones. Reemplace los sujetos personales informales con el **se** impersonal y haga todos los cambios que sean necesarios en el verbo.

1. Tú sabes que el dinero es una fuerte motivación: tú no haces nada sin recompensa. _____

_____

2. Mucha gente dice que esas personas no pueden resolver el problema. _____

_____

3. Ellos no han puesto suficiente énfasis en los estudios científicos.

_____

_____

4. Cada año la gente recibe más ayuda del gobierno y cada año la gente necesita aún más. _____

_____

5. Ud. debe usar la voz pasiva si no tiene un sujeto específico para la oración. _____

_____

La selección entre la voz activa y las varias formas pasivas

Actividad A. Exprese las siguientes ideas en español. ¡Ojo! No es posible usar la voz pasiva con **ser** en todos los casos.

1. The children were given milk and cookies. _____

_____

2. Milk and cookies were given to the children. _____

_____

3. The Constitution is being revised by the Congress this year. _____

_____

_____

4. The Constitution was drafted in 1787. _____

_____

5. These plates were made by hand (**a mano**) by the indigenous peoples of Guatemala. _____

_____

6. The film was seen by more than two million people. _____

_____

7. Many buildings were destroyed by the storm (**la tempestad**). _____

_____

8. Clothing and medicine were sent to the poor. _____

_____

9. The chair was broken by the young people during the fight. _____

_____

_____

10. The grain was harvested (**cosechar**) in the fall. _____

_____

Actividad B.   Exprese las siguientes oraciones en español, escogiendo la voz pasiva con **ser** o la voz pasiva refleja según sea apropiado.

1. These books were bought by John. _____

_____

2. Several watches were bought with the money that was received. ___

_____

_____

3. Many things were said that day that will never be forgotten. _____

_____

_____

4. The soldiers were paid after the arms were obtained. _____

_____

5. The pedestrian (**el peatón**) was killed by the car. _____

_____

6. The men were observed through the mirror. _____

_____

7. The chicks were incubated (**incubar**) electronically. _____

_____

Actividad C.   Exprese las siguientes ideas en español. ¡Ojo! Hay que escoger entre la voz pasiva con **ser** y la pasiva refleja; no es posible usar una construcción pasiva en todos los casos.

1. The children were given special help in the afternoons. _____

_____

2. These stories were read last semester; what is being read this term? _____

_____

3. During the holiday season (**las fiestas**), the houses will be decorated and traditional foods will be prepared by the women of the village. _____

_____

_____

4. Nothing like that had ever been seen before. _____

_____

5. The government was toppled (**derribar**) by leftist forces (**las fuerzas izquierdistas**). _____

_____

6. This sweater was made for me by my grandmother. _____

_____

7. All of my friends were invited to the party; even Puccini the dog was invited! _____

_____

8. The invitations were sent out on Friday. _____

_____

9. The sun and the moon have always been worshipped (**adorar**) by primitive peoples. _____

_____

10. The rest of the money has not been discovered. _____

_____

CORRECCION DE PRUEBAS: FORMAS

Actividad.   Lea cuidadosamente el siguiente pasaje. Analice las construcciones en letra cursiva y decida qué cambios pueden hacerse para corregir o dar un tono más formal y objetivo a lo escrito.

Muchas personas han hablado[1] del tema de la educación y *han dicho*[2] que tiene cada vez menos valor. Sin embargo, muchos datos que *han sido recogidos*[3] indican que el porvenir de las personas de baja escolaridad tiene grandes limitaciones. *Tú puedes ver*[4] que el desempleo *es encontrado*[5] más entre los grupos que no han tenido la oportunidad de educarse. El problema, aunque no *es entendido*[6]

1. _____

2. _____

3. _____

4. _____

5. _____

6. _____

completamente, es muy severo. Parece haber
una relación íntima entre la preparación escolar
y el éxito económico. Por ejemplo, datos estadís-
ticos que *han sido recogidos*[7] en todo el país
demuestran que *tú puedes*[8] notar claramente las
diferencias de remuneración entre las personas
que terminan los estudios universitarios y las
que abandonan los estudios antes de terminar
la escuela secundaria. *Es sabido*[9] que, aunque
hay excepciones, *la gente debe*[10] valorizar los
estudios en este mundo moderno.

7. _____

8. _____

9. _____

10. _____

REPASO DE VOCABULARIO UTIL: EL ANALISIS Y LA CLASIFICACION

VOCABULARIO PARA EL ANALISIS Y LA CLASIFICACION	
Análisis	
Criterios de análisis:	
componerse de; comprender	descomponerse en
consistir en (una idea o concepto)	dividirse en
constar de (enumeración de varias partes o conceptos)	formarse de
	separarse en
Algunos elementos en que se divide una entidad:	
el aspecto	el nivel
el elemento	la parte
el estrato	el segmento
la función	
Clasificación	
Criterios de clasificación:	
agruparse en	clasificarse (por, según, atendiendo a)
asignarse a diferentes clases	
Grupos o clases:	
las categorías	los grupos
las clases	los órdenes
las especies	los tipos
los géneros	

Actividad. Escriba de nuevo las siguientes oraciones, sustituyendo la palabra o frase en letra cursiva por otra de la lista del vocabulario para el análisis y la clasificación. Haga otros cambios que crea necesarios.

1. El gobierno estadounidense *tiene* tres ramas principales: la judicial, la legislativa y la ejecutiva. _____

   _____

   _____

2. Los animales *o son* vertebrados (tienen vértebras) *o son* invertebrados (no las tienen). _____

   _____

   _____

3. En toda exposición se *encuentran* una introducción, un cuerpo y una conclusión. _____

   _____

   _____

4. *Hay* árboles frutales *y* árboles ornamentales. _____

   _____

5. *Hay* artes visuales *y* artes auditivas. Las artes visuales *son* la pintura, la escultura y la arquitectura. Las artes auditivas *son* la música instrumental y la música vocal. _____

   _____

   _____

   _____

6. Las ciencias sociales *incluyen* la psicología, la sociología, la antropología y la lingüística. _____

   _____

   _____

7. El régimen que uno debe seguir para rebajar de peso *es* ponerse a dieta y hacer ejercicio diariamente. _____

   _____

   _____

8. En los países de las zonas tropicales el clima *no se distingue* tanto por la estación del año como en nuestro país. También *hay* diferencias causadas por la lluvia y la altitud. _____

   _____

   _____

   _____

9. El entrenamiento de un policía *es* en parte físico, en parte intelectual y en parte psicológico. _____

_____

_____

10. *Hay* dos tipos de lagos. *Hay* lagos de agua dulce y también de agua salada. _____

_____

_____

CORRECCION DE PRUEBAS: EL LENGUAJE Y LA EXPRESION

Actividad.   Revise y corrija el siguiente pasaje, prestando atención especial a los usos de la voz pasiva con **ser,** la voz pasiva refleja y la reflexiva impersonal. Subraye lo que se debe cambiar y utilice el espacio a la derecha para escribir las correcciones.

Texto: Los deportes en la
universidad

Cambios sugeridos

Muchas personas creen que los deportes no deben ocupar un lugar tan importante en el programa universitario. Debemos visitar las universidades para saber lo que la gente dice allí. En la opinión de muchos estudiantes, los deportes sí deben incluirse en el programa universitario. Los deportes no son rechazados como algo sin valor, sino que son considerados como una parte importante de la «experiencia universitaria». En las clases los estudiantes son enseñados cosas importantes como la historia y la física. Pero, según ellos, no se aprende todo de los libros. En la competencia deportiva el estudiante es dado la oportunidad de aprender sobre la cooperación y el valor de un esfuerzo en conjunto. Si los deportes son eliminados del programa universitario, muchos estudiantes son privados de una experiencia positiva.

Capítulo **4**

La exposición (Parte 2)

Páginas personales:
Aproximaciones a la tarea

EN SU CUADERNO...

haga la redacción libre acerca del tema general «el cambio». ¿Qué significa para Ud.? ¿Qué imágenes le vienen a la mente? ¿Qué información o experiencias asocia con el tema? Analice su redacción libre e identifique la idea principal. ¿Tiene algo que ver con comparación y contraste o causa y efecto?

Tabla de ideas. Complete la siguiente tabla de ideas según las instrucciones que se dan en el libro de texto (páginas 114–115).

TABLA DE IDEAS		
Tema general	Pregunta específica	Orientación (¿comparación y contraste? ¿causa y efecto?)

EN SU CUADERNO...

escoja uno de los temas de las Actividades A o B (páginas 114–115 del libro de texto) y haga la redacción libre por cinco minutos para explorarlo con más profundidad. (Recuerde que hay una explicación de cómo hacer la redacción libre en la página 7 del libro de texto.) Si un nuevo tema resulta de esta actividad, no se olvide de agregarlo a su tabla de ideas.

Enfoque. Repase su tabla de ideas y los apuntes de las actividades que Ud. ha hecho hasta este punto. Escoja un tema que le interesa personalmente. Haga un mapa semántico de los aspectos del tema que le parecen interesantes e importantes, siguiendo las sugerencias que se ofrecen en el libro de texto (páginas 121–122).

_____

_____

_____

_____

_____

_____

_____

_____

_____

_____

_____

_____

_____

_____

_____

_____

_____

_____

_____

_____

_____

_____

_____

_____

_____

_____

_____

Plan de redacción: La exposición.   Complete este plan de redacción para la tarea relacionada con la exposición, siguiendo los pasos que se dan en el libro de texto (páginas 132–133).

PLAN DE REDACCION: LA EXPOSICION
1. El tema: _____
2. La idea principal que quiero comunicarle a mi lector es: _____ _____
3. Mi propósito como escritor: _____
El lector: _____
Su propósito al leer: _____
Preguntas cuyas respuestas el lector busca en el escrito:
• _____
• _____
• _____
• _____
4. Método de organización (por ejemplo, comparación y contraste): _____ _____
Los detalles: _____
_____
_____
_____
_____
_____
_____
_____
_____
_____
_____
_____
_____
_____
_____

Ejercicios de redacción

TECNICAS Y ESTRATEGIAS

I. El paralelismo en la comparación y el contraste

Antes de escribir una comparación o un contraste, es preciso hacer una lista de las características de los dos objetos, ideas o aspectos que se van a comparar, para que haya un balance exacto entre las características de estas entidades. Es decir, no se incluye una característica de la entidad *X* a menos que la entidad *Y* tenga una característica paralela con la que pueda hacerse una comparación o un contraste.

Actividad A.   Complete los siguientes esquemas, teniendo cuidado de presentar características paralelas.

X: El pintor
1. _utiliza pinceles y pintura_
2. _____
3. _trabaja lentamente_
4. _____
5. _____
6. _____

Y: El fotógrafo
1. _____
2. _saca fotos de cosas o personas_
3. _____
4. _____
5. _____
6. _____

X: La bicicleta
1. _es un vehículo_
2. _es un medio de transporte_
3. _____
4. _____
5. _____
6. _____

Y: El automóvil
1. _es un vehículo_
2. _____
3. _tiene cuatro ruedas_
4. _____
5. _____
6. _____

X: La democracia
1. _____
2. _____
3. _____
4. _____
5. _____
6. _____

Y: Los sistemas totalitarios
1. _____
2. _____
3. _____
4. _____
5. _____
6. _____

Actividad B. Después de completar los esquemas anteriores, determine qué incluiría Ud. en una composición sobre uno de esos tres temas. Ordene los detalles en el esquema y elimine aquellos aspectos de poca importancia. Escriba su esquema ya revisado en el espacio a continuación.

_____

_____

_____

_____

_____

_____

_____

_____

_____

_____

_____

_____

_____

_____

_____

_____

_____

II. La presentación lógica de la causa y el efecto

Al escribir una exposición con base en la causa, es importante distinguir entre una relación causativa y una simple relación de orden. Es decir, el hecho de que una acción anteceda a otra no implica que la primera sea necesariamente la causa de la segunda, ni que la segunda sea consecuencia de la primera.

Otro error de lógica es interpretar como causa lo que es simple coincidencia de circunstancias: si una madre trabaja y sus hijos sacan malas calificaciones en la escuela, no se debe llegar inmediatamente a la conclusión de que las bajas calificaciones de los hijos se deban al hecho de que la madre trabaje. Puede ser un caso de coincidencia, sin ninguna relación entre las dos circunstancias.

Actividad. Las siguientes declaraciones se presentan como observaciones con base en la causa y el efecto. Analícelas con cuidado. Identifique la causa y el efecto propuestos en cada caso. ¿Le parece que existe una relación válida y lógica? ¿Por qué sí o por qué no? ¿Qué otros datos debe tomar en cuenta el escritor?

1. La enseñanza del inglés en todas las escuelas norteamericanas debe ser obligatoria. Los individuos que no pueden expresarse en

el «inglés estándar» generalmente progresan menos en esta sociedad que los que sí dominan esa lengua.

_____

_____

_____

_____

_____

_____

2. Los efectos de la comunicación televisiva son enormes. Durante la
   década de los sesenta, se prohibieron los anuncios a favor de los
   cigarrillos. Hoy, treinta años más tarde, el número de fumadores
   entre la población norteamericana ha bajado de modo significa-
   tivo.

_____

_____

_____

_____

_____

_____

3. Los jóvenes de hoy miran televisión mucho más que sus padres y
   por lo tanto leen mucho menos. Por eso, el promedio de las calificaciones en el examen SAT ha ido bajando en forma progresiva.

_____

_____

_____

_____

_____

4. Muchos deportistas y artistas profesionales siempre llevan una
   prenda de ropa o joyería muy particular durante un partido o una
   función. Están convencidos de que esa prenda es un talismán de
   buena suerte que influye en sus triunfos.

_____

_____

_____

_____

_____

_____

_____

5. Según algunas personas, vale la pena introducir en las escuelas norteamericanas algunas de las técnicas y métodos de enseñanza usados por los asiáticos, ya que los estudiantes japoneses siempre les ganan a los estudiantes norteamericanos del mismo nivel.

_____

_____

_____

_____

_____

_____

_____

INTERACCIONES LECTOR/ESCRITOR

I. La organización del párrafo, la oración temática y la unidad en el párrafo

El escritor tiene que anticipar las preguntas de su lector, no sólo en cuanto a la información que incluye en su escrito sino también con respecto a su organización. Para asegurar que el lector comprenda la relación entre una idea y otra y que aprecie la relativa importancia de las varias ideas (cuál es la idea principal y cuáles son las ideas de apoyo), el escritor le deja al lector una serie de indicaciones o señales retóricas. Estas incluyen, por ejemplo, las frases de introducción y de transición. Otro recurso del escritor es establecer una organización clara dentro de cada párrafo de su escrito. Algunas de estas técnicas de organización se presentan a continuación.

La organización del párrafo

Un párrafo consiste en una serie de oraciones relacionadas entre sí, que tratan el mismo tema. El párrafo se considera la unidad básica del escrito. Al dividir una exposición en párrafos, el escritor indica al lector que cada una de estas subdivisiones presenta una idea diferente. Esta división tiene utilidad práctica para el escritor, ya que le obliga a agrupar todas las ideas que tratan de un mismo aspecto del tema y a separar aquéllas que no se relacionan. También es útil para el lector porque le facilita la comprensión de lo que lee.

Un párrafo bien escrito consta de tres características esenciales.

1. Habla de un solo aspecto de un tema general.

2. Expresa en una oración temática la idea principal que se enfoca.

3. Contiene oraciones que desarrollan la idea principal expresada por la oración temática, formando así una unidad coherente.

La oración temática

Las oraciones de un párrafo enfocan o explican la idea principal de éste. Esta idea principal se presenta generalmente en una oración a la cual se le da el nombre de **oración temática.**

En una exposición, la oración temática de cada párrafo habla de un *solo* aspecto del tema general que se comenta. Por ejemplo, si escribiéramos una exposición de varios párrafos que tratara de la estructura de la Unión Europea, podríamos organizarla como sigue.

Tesis de la exposición:	La Unión Europea está formada por cuatro instituciones básicas: la comisión, el consejo de ministros, el parlamento europeo y el tribunal.
Párrafo 1, Oración temática:	La comisión es el cuerpo ejecutivo de la Unión y tiene dos funciones principales.
Párrafo 2, Oración temática:	El consejo de ministros complementa la función de la comisión.
Párrafo 3, Oración temática:	El parlamento europeo no es un cuerpo legislativo.
Párrafo 4, Oración temática:	El tribunal tiene poderes exclusivos.

Cada uno de los párrafos de esta exposición habla de uno de los aspectos que se señalaron en la tesis. La oración temática de cada párrafo se limita a presentar una sola idea; en este caso habla de *una* de las cuatro instituciones de la Unión Europea. Una oración temática, entonces, limita el tema que se va a tratar en un párrafo y, a la vez, permite al lector determinar el contenido del conjunto.

La mayoría de los párrafos empiezan con una oración temática, aunque a veces ésta se expresa en dos o más oraciones. En algunos casos también aparece al final del párrafo como resumen del mismo. Con gran frecuencia, los escritores de mucha experiencia no incluyen una oración temática como tal. Organizan sus párrafos utilizando una *idea* temática, pero no la expresan. En estos casos es posible adivinar cuál sería la oración si se hubiera incluido.

Al escritor de menos experiencia se le recomienda siempre elaborar oraciones temáticas para cada uno de sus párrafos. Así podrá examinar su estructura y determinar la función de cada oración de apoyo.

La unidad en el párrafo

El párrafo debe reflejar una unidad de pensamiento. Es decir, cada una de las oraciones que lo componen debe mantener una relación estrecha con la idea principal que se intenta presentar. Esta idea, expresada a través de la oración temática, contiene un resumen de lo que tratará el párrafo en su totalidad.

En el ejemplo que se presenta a continuación se encuentra subrayada la oración temática. Note cómo todas las oraciones contribuyen a desarrollar esta idea principal.

(1) Hay varias razones por las cuales algunos estudiantes sacan malas calificaciones. (2) Muchos estudiantes simplemente no estudian bastante. (3) Pierden demasiado tiempo en otras actividades y rara vez se acercan a los libros. (4) Algunos, aunque pasan mucho tiempo estudiando, no logran identificar los aspectos importantes de la materia. (5) Ponen demasiado interés en detalles insignificantes. (6) Otros estudiantes no quieren investigar, aprender o estudiar más de lo que se requiere para salir aprobados. (7) No se esfuerzan en sobresalir.

En este párrafo, cada una de las oraciones contribuye a la presentación de la idea principal. Las oraciones **2** y **3** hablan de una de las razones por la cual los estudiantes sacan malas calificaciones: no estudian. Las oraciones **4** y **5** exponen otra razón: la falta de identificación de los aspectos importantes de la materia. Finalmente, las oraciones **6** y **7** presentan una tercera razón: la falta de interés en sobresalir. Cada una de las oraciones de este párrafo enfoca el tema. Se mantiene, pues, una unidad en el párrafo.

El párrafo que sigue no mantiene esta misma unidad. Note que, aunque la oración temática indica que se hablará de los diferentes tipos de romances, algunas oraciones se apartan de este tema.

(1) Hay diferentes tipos de romances españoles. (2) Estos son composiciones poéticas escritas en versos de ocho sílabas con rima asonante. (3) Los romances viejos se dividen en romances históricos, fronterizos y moriscos, y romances caballerescos. (4) Todos éstos se caracterizan por su anonimato y fragmentarismo. (5) Los romances antiguos se relacionan con las crónicas y son producto del siglo XVI. (6) Los romances descienden de las antiguas gestas. (7) Los romances artísticos fueron escritos por poetas de los siglos XVI y XVII.

En este párrafo hay dos oraciones, la **2** y la **6**, que no se relacionan con la oración temática. La oración **2** podría ser parte de un párrafo que presentara una definición del romance como tal. La oración **6** lógicamente pertenecería a un párrafo que hablara sobre los orígenes del romance. Para mantener la unidad de este párrafo, sería necesario limitar su contenido a la presentación de los diferentes *tipos* o *clases* de romances.

Actividad A.   Lea los textos a continuación y las oraciones temáticas que se ofrecen. Elija la que a Ud. le parezca mejor para cada texto.

1. _____ Es necesario reconocer que la amenaza de castigo no ha servido para detener el uso de las drogas ni para disuadir a los usuarios, sino que, por el contrario, el problema se ha acrecentado. Se ha comprobado que la aplicación de severas medidas en contra de los traficantes y de los usuarios ha incentivado el mercado negro y el consumo clandestino. El status de ilegalidad de las drogas ha hecho aumentar su atracción no sólo en nuestro país sino también a nivel internacional. Incluso la policía se ha corrompido y se ha visto envuelta en forma activa en el narcotráfico.

     a. Es urgente tomar medidas excepcionales contra las drogas.

     b. La utilización represiva del derecho penal es totalmente inefi-
caz para controlar el tráfico y consumo de las drogas.

     c. La represión puede ser la única solución posible para refrenar
el tráfico y consumo de las drogas.

2. _____ De hecho, para los jóvenes no es sino un aliciente ya que éstos, por su espíritu rebelde, están siempre deseosos de transgredir
el orden establecido por la generación anterior y esto es claramente lo que sucede con el uso de las drogas. Así mismo, la ilegalidad de las drogas ha creado todo un aparato institucional organi-
zado con el solo objetivo de explotar el contrabando. En
consecuencia podemos ver que la penalización de las drogas está
causando el efecto contrario del que se desea provocar. La legis-
lación penal ha ocasionado el precio «exorbitante» de estas sustancias y ha transformado su tráfico en el negocio de mayor éxito en
el mercado internacional.

     a. La prohibición no es una barrera para el uso de las drogas.

     b. Existe una legislación severa en contra del uso de las drogas.

     c. Para algunos la solución estriba en la legalización de las
drogas.

Actividad B. Escriba una oración temática para los siguientes párrafos.
Ponga atención a los detalles de apoyo antes de escribirla. Después, compare su oración con la de un compañero / una compañera y determinen
cuál de las dos es la mejor.

1. _____

_____

_____

El mayor terminó sus estudios universitarios este año. Siguió el
programa de arquitectura durante los últimos tres años y ahora
piensa buscar empleo en Texas. La menor también asiste a la universidad, pero todavía le falta un año para terminar. Estudia si-
cología y tendrá que hacer estudios graduados antes de poder encontrar un buen trabajo. Estoy muy orgulloso de los dos.

2. _____

_____

_____

Es posible llorar una hora y reírse a carcajadas en la próxima. Una
hora se podrá aprender algo de historia y luego habrá un concierto.
Todo esto en su propia casa, sin tener uno que vestirse y salir.
¡Qué más se puede desear!

3. _____

_____

_____

Hay volúmenes y volúmenes por todos lados. Hay libros, revistas,
periódicos, discos, cintas magnetofónicas y archivos de manuscritos antiguos. No hay tema que uno no pueda investigar. Todo estu-

diante puede servirse de ella, no sólo para buscar libros, sino para estudiar, y aun para conocer a otros. Si no tienen lo que uno necesita, se lo pueden pedir a otra universidad.

Actividad C.   Después de leer los párrafos que se dan a continuación, coméntelos con un compañero / una compañera haciéndose estas preguntas.

- ¿Está completo el párrafo?

- ¿Tiene unidad? ¿Hay una idea central?

- Si no, ¿qué se pudiera eliminar? ¿Qué ideas se pudieran agregar?

- ¿Se han presentado las ideas en un orden lógico?

  1. El amor no tiene el mismo significado para todos. Hay personas que usan esta palabra sólo para referirse al amor romántico entre dos personas. No puede una vivir sin la otra. También hay quienes extienden el significado hasta incluir la amistad y la caridad. Estos últimos tienen la definición más amplia de todas. Para otros, el amor tiene un significado un poco más extenso: además del amor romántico, incluye el amor familiar.

  2. La rosa es una flor que se halla en varios tamaños y colores. Hay rosas tan pequeñas que cuando se abren no miden más de media pulgada. Estas miniaturas son bastante raras. Es difícil cultivarlas. La mayoría de los rosales crecen hasta tres o cuatro pies de alto y sus flores, cuando están abiertas, miden cerca de tres pulgadas. Las rosas más grandes pueden llegar a medir de siete a ocho pulgadas. Lo más notable de una rosa es el color. Varía del blanco hasta un rojo tan oscuro que casi se cree que es negro. La rosa es verdaderamente una de las maravillas de la naturaleza.

  3. El curso de sociología trata dos temas. Uno de ellos es la comunidad y el otro es la sociedad. Se explica qué es y cómo funciona. Se estudian varias comunidades para poder comprender cuáles son las semejanzas y las diferencias. Es un curso sumamente interesante.

II. Introducciones y conclusiones

Como se vio en las páginas 83–85, la oración temática en un párrafo limita el tema para el escritor y le sirve de guía al lector: anuncia (o a veces resume) la idea principal que se desarrolla en el párrafo. La introducción y la conclusión tienen estas mismas funciones con respecto al texto en su totalidad. Sirven, además, otras dos funciones. La introducción puede atraer la atención o despertar el interés del lector; la conclusión representa un momento para agregar un comentario personal del autor.

Actividad A.   A continuación aparecen dos posibles introducciones para un ensayo sobre los problemas con que se enfrentan las ciudades grandes de Latinoamérica. ¿Cuál de estas introducciones le parece a Ud. que es la mejor? ¿Por qué? Escriba sus respuestas en una hoja de papel aparte.

  1. Las principales ciudades de Latinoamérica se enfrentan hoy en día con una serie de problemas debido a su antiguo diseño y al im-

pacto de la vida moderna. Los problemas más serios son la congestión del tránsito vehicular, la falta de parques de estacionamiento para los coches, la contaminación del aire y el exceso de ruido. Se examinará cada uno de estos problemas en más detalle.

2. Las principales ciudades de Latinoamérica se enfrentan hoy en día con varios problemas graves. Este trabajo examinará cuatro de los más importantes en más detalle: la congestión del tránsito, la falta de parques de estacionamiento, la contaminación del aire y el exceso de ruido.

Actividad B. Lea el siguiente texto y los posibles párrafos de conclusión que se ofrecen. ¿Cuál de las conclusiones le parece a Ud. que es la mejor? ¿Por qué? Escriba sus respuestas en una hoja de papel aparte.

El sistema penitenciario en vigencia en realidad no resuelve el problema del crimen, sólo lo posterga un rato. Porque el criminal, en un momento dado, tiene derecho a volver a la sociedad y lo que se empieza a comprender es que muchos de estos individuos salen de la cárcel con aún más propensión al crimen que cuando primero fueron encerrados en ella.

Vivir en una cárcel no le enseña al individuo a funcionar en un mundo libre. El individuo tiene que pasar años y años en un lugar aislado de la sociedad; hacia donde él mire hay barreras y rejas que coartan su libertad. El encarcelamiento tampoco le ayuda a aprender un oficio u ocupación. Además del aislamiento, la prisión es un mundo lleno de tensiones y violencia y desocupación. En el caso de los individuos más jóvenes que han tenido que cumplir penas cortas, se ha comprobado que, como resultado de la inactividad, aumenta el potencial de delincuencia de estos reclusos. Ocurre que no sólo perfeccionan las técnicas que ya conocían sino que aprenden otras nuevas.

1. Al condenar a un individuo a prisión por algún delito, lo hacemos esperando que este individuo al término de su encarcelamiento podrá reintegrarse como un ciudadano útil a la sociedad. No obstante, y para daño de la sociedad, esto no es lo que ocurre.

2. No hay duda que para algunas personas el encarcelamiento es justificado por un sentimiento popular de venganza. Sin embargo, es hora de reconocer que esta antigua respuesta al crimen es, a la larga, ineficaz e imprudente. Es necesario buscar medidas que erradiquen la delincuencia y no que la perpetúen.

Actividad C. Lea los párrafos a continuación y, en una hoja de papel aparte, indique cuáles de ellos son introducciones y cuáles no lo son. Explique por qué en cada caso.

1. La danza es una de las bellas artes que se expresa mediante el movimiento del cuerpo humano. Se desarrolló en sus orígenes prehistóricos como una práctica de la magia. Al organizarse el culto religioso se convierte en un rito o danza ritual.
   (de *Cultura y espíritu,* Santiago Hernández Ruiz et al.)

2. Conocida desde la prehistoria, dejó en esta edad creaciones de alto valor estético en cuevas y yacimientos arqueológicos, como las

representaciones animalísticas de las Cuevas de Altamira. En estos tiempos la pintura no se hizo con un afán estético de expresión, sino como un medio mágico relacionado con la necesidad de matar al animal enemigo y nutricio.

(de *Cultura y espíritu,* Santiago Hernández Ruiz et al.)

3. En Egipto aparece la escultura sepulcral y religiosa como elemento dominante de la propia vida. En Asiria las figuras humanas y de animales son concebidas con un realismo extremado y muestran un concepto nuevo del arte.

(de *Cultura y espíritu,* Santiago Hernández Ruiz et al.)

4. El arte es un medio de comunicación del hombre con sus semejantes, creado por la imaginación. También puede definirse como la expresión de la emotividad creadora. Abarca todas las esferas de la actividad humana, desde la artesanía hasta la industria y desde la religión hasta la pedagogía.

(de *Cultura y espíritu,* Santiago Hernández Ruiz et al.)

CORRECCION DE PRUEBAS: CONTENIDO Y ORGANIZACION

Actividad.   Una estudiante de tercer año ha escrito una exposición en la que presenta una comparación entre las universidades grandes y las pequeñas. Escribe para sus compañeros de clase (es decir, para un público que lee por interés). Analice cuidadosamente la exposición, contestando las preguntas 1–10.

1. Ud. es el lector pensado. Identifique cuál es su propósito al leer la exposición.

Propósito: _____

Apunte cuatro o cinco preguntas relacionadas con su propósito cuyas respuestas buscará en la exposición. Después, siga con el análisis.

_____

_____

_____

_____

_____

Texto: La universidad, ¿es mejor grande o pequeña?

Análisis

*L*as universidades grandes, por su tamaño, ofrecen muchas más ventajas que las universidades pequeñas.

En las universidades grandes hay oportunidades para muchas más actividades para los estudiantes. Las actividades son variadas y llaman la atención de todos los que asisten a la universidad. Por eso, es claro que un estudiante nuevo conocerá a otros que tengan los mismos intereses.

Cuando un estudiante se encuentra con personas distintas de lugares diferentes, aprende más sobre la vida, la cultura y las ideas de otra gente.

También es probable que el estudiante tenga la oportunidad de aprender más. Las universidades grandes ofrecen mayor número de cursos y más variados que las universidades pequeñas. La variedad es necesaria para tener más opciones cuando se trata de la educación.

Las universidades grandes le ofrecen otras alternativas al estudiante. Estas alternativas les dan a los estudiantes muchas ventajas. Por eso las universidades grandes ofrecen más ventajas que las universidades pequeñas.

2. ¿Qué tal acierta el escritor en contestar sus preguntas? ¿Contesta todas?

_____

_____

_____

3. ¿Cuál es la idea principal que el escritor intenta expresar en este borrador?

_____

_____

_____

4. ¿Se relaciona toda la información directamente con la idea principal? Si no, ¿qué parte(s) no viene(n) al caso?

_____

_____

_____

5. ¿Hay partes en las cuales le gustaría a Ud. tener más información (explicación, ejemplos, detalles)?

_____

_____

_____

6. ¿Hay partes del texto en que de repente Ud. se encuentre «perdido/a»?

_____

_____

_____

7. Haga rápidamente un bosquejo del texto en su totalidad. ¿Le indica lugares donde la organización del texto debe cambiarse?

_____

_____

_____

8. ¿Captó su interés la introducción de manera que Ud. quisiera seguir leyendo?

_____
_____
_____

9. ¿Qué parte(s) del borrador le gusta(n) más?

_____
_____
_____

10. La conclusión, ¿le sirvió como buen resumen de la información en el texto? ¿Le ayudó a comprender la importancia del tema para el escritor?

_____
_____
_____

Ejercicios de lenguaje

REPASO DE ASPECTOS BASICOS

Verbos con preposiciones

Muchos verbos en español se usan con las preposiciones **a, de, en** y **con.** La lista de estos verbos es demasiado extensa para incluirse aquí; sólo se presentan los más usados. Como no hay ninguna correspondencia entre el uso de estas preposiciones en español y en inglés, se recomienda consultar el diccionario en caso de duda.

Verbos que se usan con **a**

Se usa la preposición **a** después de verbos de movimiento (trasladarse de un lugar a otro) y antes de otro infinitivo. «Movimiento» puede interpretarse ya sea literalmente, como movimiento físico, o metafóricamente, como la actividad mental de aprender, enseñar o preparar.

aprender	correr	entrar[1]	prepararse
aspirar	empezar	ir	salir
ayudar	enseñar	llegar	venir
comenzar			

Otros dos verbos que frecuentemente se usan con **a** son

dar[2]   faltar

Verbos que se usan con de

acabar	dejar	enamorarse	pensar[3]
acordarse	depender	gozar	salir
alegrarse	disfrutar	olvidarse	tratar
darse cuenta			

Verbos que se usan con en

confiar	entrar	tardar
consistir	insistir	
convenir	pensar	

Verbos que se usan con con

casarse	cumplir	soñar
contar	dar	tropezar

Recuerde que ciertos verbos que se usan comúnmente con preposiciones en inglés *no* requieren ninguna en español.

EJEMPLOS:

to look for	*to look at*	*to wait (hope) for*
buscar	mirar	esperar

En otros casos, la correspondencia entre un verbo en inglés y otro en español desaparece cuando el verbo en inglés se acompaña de una preposición. Con frecuencia esta combinación *verbo + preposición* equivale a un verbo totalmente diferente en español.

EJEMPLOS:

to take	*to take away*	*to take up*	*to take down*
tomar	quitar	subir	bajar
to run	*to run away*	*to run into*	*to run around*
correr	huir	chocar con	rodear

---

[1] *Entrar* se usa con la preposición **a** en Latinoamérica y con la preposición **en** en España.
[2] *Dar a* significa *to open out on* o *to look out over* y se usa para describir la orientación de un cuarto o de un edificio; *dar con* es un sinónimo de *tropezar con*.
[3] Recuerde que *pensar de* se usa para pedir o expresar una opinión mientras que *pensar en* es sinónimo de *reflexionar sobre* o *examinar mentalmente*.

Actividad A. Exprese en español las palabras indicadas en las siguientes oraciones. Todos los verbos requieren una preposición.

1. ¿Qué _____ la nueva propuesta del senador?
    (*do you think of*)

2. Ese joven _____ lo que había prometido.
    (*lived up to*)

3. No sabemos por qué querrá Marta _____ él.
    (*to marry*)

4. Los lunes _____ las clases.
    (*he misses*)

5. El soldado _____ una joven en el camino.
    (*came upon*)

6. El enfermero _____ que el señor se desnude.
    (*will insist*)

7. Generalmente, los profesores _____ dar conferencias interesantes e informativas.
    (*try to*)

8. Mi vecina _____ su hijo para que la lleve a hacer las compras.
    (*depends on*)

9. Cuando _____ su cumpleaños, la llamé para felicitarla.
    (*I remembered*)

10. _____ llover y no llevaba paraguas.
    (*It started*)

Actividad B. Llene los espacios en blanco con preposiciones cuando sean necesarias.

1. La señora acaba _____ salir de la casa cuando dio _____ su esposo a la vuelta de la esquina.

2. Yo sé que puedo _____ contar _____ mi compañera de cuarto cuando quiera _____ aprender _____ tocar la flauta porque ella es profesora de música.

3. Ayúdanos _____ limpiar la casa si quieres _____ salir temprano.

4. Una «cuba libre» consiste _____ ron, Coca-Cola y jugo de limón.

5. Paula me dijo que había soñado _____ su novio anoche.

6. Los domingos por la noche siempre pensamos _____ el trabajo que tenemos que hacer para el lunes.

7. Miguel es uno de esos jóvenes que se enamoran _____ todas las muchachas que ven.

8. Mis abuelos gozan _____ muy buena salud.

9. El año que viene quiero un cuarto que dé _____ la avenida principal.

10. Cuando el policía entró _____ el cuarto, el prisionero dejó _____ confiar _____ su abogado.

Actividad C. Exprese las siguientes oraciones en español.

1. They suddenly realized that they would not arrive on time. _____

   _____

   _____

2. The plumber will come to fix the faucet tomorrow. _____

   _____

   _____

3. One of the players insisted on changing the rules of the game. _____

   _____

4. We should find out what they are looking for. _____

   _____

5. Margarita had worked very hard, and after graduating she was able to enjoy the excellent salary that her degree in engineering had made possible. _____

   _____

   _____

6. We hope our neighbors will stop mowing the lawn on Saturday mornings so that we can sleep longer. _____

   _____

   _____

CORRECCION DE PRUEBAS: FORMAS

Actividad A. Revise y corrija el siguiente párrafo, prestando atención especial a las preposiciones que siguen a los verbos. ¡Ojo! No todas las expresiones necesitan cambiarse.

Elena <u>se enamoró con</u>[1] Daniel. No <u>tardó de</u>[2] empezar <u>a</u>[3] <u>soñar en</u>[4] una vida futura. Por lo tanto, decidió <u>aprender cocinar.</u>[5] Quería <u>convertirse en</u>[6] una cocinera excelente. <u>Iba pedirle</u>[7] a su hermana que le diera clases cuando, al salir de la universidad, <u>se tropezó a</u>[8] Daniel y una mujer muy bella. Daniel <u>insistió con presentarle</u>[9] a la mujer. Parecía alegrarse mucho de haberse encontrado a Elena.

—Es mi prometida —dijo—. <u>Pensamos a casarnos</u>[10] en diciembre.

Elena <u>intentó sonreír.</u>[11] Después no <u>se acordó con</u>[12]

1. _____

2. _____

3. _____

4. _____

5. _____

6. _____

7. _____

8. _____

lo que dijo, pero sí pensó que ya no tendría que
aprender de cocinar.[13]

9. _____

10. _____

11. _____

12. _____

13. _____

Actividad B.   Revise y corrija el siguiente pasaje, prestando atención especial a la gramática ya estudiada. ¿Recuerda los usos del subjuntivo?

Mucha gente estima que en 1973 el 12% de la población mundial fue mayor de 60 años y en 1982 este número ascendió al 14%. Se espera que por el año 2000 alcanzará... ¡el 17%! Estas cifras son importantes para la industria turística, ya que viajar y visitar lugares nuevos representa uno de los pasatiempos favoritos de este grupo. En el año 2000 habrá 1.250 millones de turistas de «la tercera edad». ¿Qué impacto van a tener en la industria?

Es sabido que muchos de las turistas mayores viajan en parejas y que lo hacen para períodos relativamente largos, como un verano o un otoño. En general, estas turistas pertenecen a las capas sociales más altas. Para su edad y estado físico les interesa el confort de los hoteles. Buscan lugares que tienen buena seguridad. La salud está una seria preocupación por este grupo. A este grupo le interesa ver lugares diversos como las catedrales, los museos y los teatros. Es posible, pues, que las grandes ciudades se beneficien del aumento de la población de mayores. Pero va a ser necesario que hacen ciertos modificaciones en el sistema de transporte público al igual que en las entradas y salidas de los edificios para que son más accesibles y más convenientes. Los mayores deben ser dados una bienvenida buena: pueden representar una enorme fuente de ingresos para cualquier ciudad.

Aplíquele estas mismas técnicas a la revisión del borrador de su propio escrito.

REPASO DE ASPECTOS GRAMATICALES

El subjuntivo (páginas 137–145 del libro de texto)

Lo conocido *versus* lo no conocido

Actividad A. Estudie los siguientes pares de oraciones y explique la diferencia que hay en su significado.

1. a. Buscan un libro que trata ese tema.
   b. Buscan un libro que trate ese tema.

   _____

2. a. Primero van a hacer el trabajo que es más importante.
   b. Primero van a hacer el trabajo que sea más importante.

   _____

3. a. Dice que viene inmediatamente.
   b. Dice que venga inmediatamente.

   _____

4 a. Ud. puede hacerlo cuando quiere.
   b. Ud. puede hacerlo cuando quiera.

   _____

5. a. ¿Crees que lo sabe?
   b. ¿Crees que lo sepa?

   _____

6. a. Trabajan hasta que lo terminan.
   b. Trabajarán hasta que lo terminen.

   _____

7. a. Lo explican de modo que todos entienden.
   b. Lo van a explicar de modo que todos entiendan.

   _____

8. a. Necesitan aprenderlo aunque es difícil.
   b. Necesitan aprenderlo aunque sea difícil.

   _____

Actividad B. ¿Por qué se usa el subjuntivo o el indicativo en los siguientes casos?

1. Es importante que todos *sepan* la verdad. _____

   _____

2. Debes estar listo en caso de que te *llamen*. _____

   _____

3. Lo digo, no porque *quiera* ofenderte, sino porque *es* mi deber. _____

   _____

4. Tiene una manera de hablar que nos *encanta*. _____

_____

5. Vaya Ud. al banco tan pronto como *pueda*. _____

_____

6. La vida no es aburrida; es que todos Uds. la *toman* demasiado en serio. _____

_____

7. Todavía no han inventado la máquina que *pueda* hacer esta tarea.

_____

_____

8. La ley dispone que le *den* una sentencia muy severa. _____

_____

9. Por mucho que *cuesten,* siempre compra unos recuerdos para sus sobrinitos. _____

_____

10. Me parece que su hija *estudia* en Harvard. _____

_____

Actividad C.   Exprese las siguientes oraciones en español. Preste atención especial al contexto antes de decidir si se requiere el verbo en el subjuntivo o en el indicativo.

1. I don't know anyone who washes windows anymore. _____

_____

2. It's important for everyone to be here before eight P.M. _____

_____

3. We know many students who work part-time during the school year. _____

_____

4. Mr. Chávez doubted that his company could finish the project so soon. _____

_____

5. We'll write to the Riveras as soon as we get their address. _____

_____

El subjuntivo de emoción y comentario personal

Actividad A. Explique el porqué del uso del subjuntivo o del indicativo en las siguientes oraciones.

1. Me parece mentira que *viva* con ella sin casarse. _____

2. Dile que *pase* por mi oficina cuando *tenga* un momento. _____

3. Aunque *es* muy buena persona, no es buen maestro. _____

4. No tiene hermanos, que *sepamos*. _____

5. Opinan que el gobierno *necesita* nuevos líderes. _____

6. Es triste que *trabaje* en un lugar que *es* tan deprimente. _____

7. No lo puede entender; temo que *es* demasiado complicado. _____

8. Es de esperar que se *presente* un buen candidato antes de que *sea* demasiado tarde. _____

9. *Suceda* lo que *suceda*, esta vez ellos no obedecen al rey. _____

10. *Salen* mañana, tal vez. _____

11. Quiero vivir donde *haya* aire puro. _____

12. No puedes comprar licor a menos que *tengas* veintiún años. _____

Actividad B. Complete las siguientes oraciones con la forma correcta del verbo —ya sea en el indicativo, subjuntivo o infinitivo— según el contexto. ¡Ojo! En algunos casos es posible que haya más de una respuesta.

1. Uds. no tienen que trabajar ya que _son_ (ser) ricos.

2. Todos niegan que la situación _vaya_ (ir) a ponerse peor.

3. Nadie _puede_ (poder) volar sin la ayuda de alguna máquina.

4. Vamos a tener una fiesta; quizás _servamos_ (servir: nosotros) sangría.

5. Es importante que Ud. _recuerde_ (recordar) que el señor todavía no se ha casado.

6. ¿Conoces a alguien que _toque_ (tocar) el piano?

7. Es una pena que _vivan_ (vivir) Uds. tan lejos.

8. A mis padres no les gusta que yo _salga_ (salir) contigo.

9. Vamos a terminarlo tan pronto como nos _den_ (dar: ellos) permiso.

10. Probablemente _sea_ (ser: él) culpable, pero espero que ellos no lo _castiguen_ (castigar).

11. Es increíble que _haya_ (haber) tanta pobreza en el mundo.

12. Comprendemos que _tienen_ (tener: ellos) problemas pero no podemos aceptar que _actúen_ (actuar: ellos) así.

Actividad C. Exprese las siguientes oraciones en español. Preste atención especial al contexto antes de decidir si se requiere el verbo en el subjuntivo o en el indicativo.

1. Everyone says that a cure will be found in a few years. _____
   _____

2. I wish my girlfriend had a better car. _____
   _____

3. He was sorry that I had lost my job. _____
   _____

4. The reporters assured us that the president would be at the conference. _____
   _____

5. She was afraid that they wouldn't have enough money to pay the rent. _____
   _____

El subjuntivo en otras construcciones

Como ha quedado demostrado, el uso del subjuntivo responde a ciertas características específicas del mensaje: se usa el subjuntivo cuando se habla de algo no conocido o no experimentado y cuando se hace un comentario personal o emocional sobre una situación determinada. Pero además de lo anterior, el uso del subjuntivo también depende de una característica estructural: en la gran mayoría de los casos, el subjuntivo sólo ocurre en oraciones subordinadas.

Nadie **viene.**	*No one is coming.*
No hay nadie que **venga.**	*There is no one who is coming.*
Posiblemente **viene** más tarde.	*Possibly she is coming later.*
Es posible que **venga.**	*It is possible that she will come.*

Hay tres excepciones comunes a esta regla general.

1. *Acaso, tal vez, quizá(s)* (*perhaps*). Cuando estas expresiones preceden al verbo, éste puede expresarse tanto en el indicativo como en el subjuntivo. El subjuntivo acentúa la duda y la incertidumbre. El verbo se conjuga en el indicativo siempre que le siga **acaso, tal vez** o **quizá(s).**

Tal vez haya dicho la verdad.	} *Perhaps you have*
Ha dicho la verdad, tal vez.	*told the truth.*
No ha venido todavía; quizás esté enferma.	} *She hasn't come*
No ha venido todavía; está enferma, quizás.	*yet; perhaps she is sick.*

2. *La expresión de alternativas hipotéticas* (*whether*). Se usa el subjuntivo en las expresiones que presentan alternativas hipotéticas. Con frecuencia este uso del subjuntivo corresponde a una construcción con *whether* en inglés.

Venga lo que venga, he tomado mi decisión.	*Come what may, I have made my decision.*
Sea médico o sea abogado, no es mejor persona que nosotros.	*Whether he's (Be he) a doctor or a lawyer, he's no better a person than we are.*
Mañana, hayan o no terminado el capítulo, tendrán un examen.	*Tomorrow, whether or not they have finished the chapter, they will have an exam.*

3. *Para indicar una reserva personal* (*as far as*). Se usa el subjuntivo en la construcción **que** + **saber** (**ver, recordar**) para expresar una reserva personal, equivalente a la expresión *as far as* en inglés. Ocurre con frecuencia en un contexto negativo.

Esta es la única manera, que yo vea, de solucionar el problema.	*This is the only way, as far as I can see, to solve the problem.*
No hay nadie, que ellos sepan, que esté mejor capacitado.	*There is no one, as far as they know, who is better qualified.*

Actividad. Exprese las siguientes oraciones en español. Preste atención especial al contexto antes de decidir si se requiere el verbo en el subjuntivo o en el indicativo.

1. As far as we know, there is no life on the moon. _____

_____

2. Next week you'll have to give your speech, whether or not you're prepared. _____

_____

3. Perhaps she called while we were out. _____

_____

4. Margaret is, as I recall, the only college graduate in our office. ___

_____

_____

5. To avoid waiting for an hour we should, perhaps, make a dinner reservation. _____

_____

El subjuntivo en oraciones condicionales

Actividad A.   Complete las siguientes oraciones con la forma correcta del verbo, según el contexto.

1. Si Ud. _____ (tener) mucha hambre, ¿adónde iría a comer?

2. Ellos _____ (contestar) la pregunta si supieran la respuesta.

3. Si Adams _____ (ser) el segundo presidente, ¿quién fue el tercero?

4. Yo _____ (haber) llegado más temprano si no se _____ (haber) descompuesto el autobús.

5. Un día, si todavía _____ (existir) el mundo, haré un viaje a ese país.

6. Si Ud. _____ (tener) que escribir una biografía, ¿sobre quién la _____ (escribir)?

7. ¡Odio a ese tipo! ¡Siempre me habla como si _____ (ser) su inferior!

8. Si todos Uds. _____ (haber) leído el artículo, podemos comentarlo en clase.

Actividad B.   Dé un equivalente en español para la expresión en letra cursiva; luego exprese las oraciones en inglés.

1. *Si hubieran preparado mejor los argumentos,* habrían ganado el debate. _____

_____

2. Si no les hubieras insultado, *no te habrían dicho eso.* _____

_____

3. *Habría sido preferible tomar otra decisión* si las circunstancias lo

hubieran permitido. _____

_____

4. *Si tuviera más apoyo político,* ganaría las elecciones. _____

_____

5. *Si se hubiera sabido de la tragedia, se habría mandado ayuda.* _____

_____

_____

Actividad C. Exprese las siguientes oraciones en español. Preste atención especial al contexto antes de decidir si se requiere el verbo en el
subjuntivo o en el indicativo.

1. If they had been good workers, they would have finished long

ago. _____

_____

2. If Felipe earns enough money before July, we will go to Disney

World. _____

_____

3. If I were to give you $100.00, what would you do with it? _____

_____

4. If there are so many apartments, why can't we find one? _____

_____

5. The scientists said that if the volcanoes had not erupted in Mexico,

we would have had better weather the last few years. _____

_____

_____

El uso de los tiempos con el subjuntivo

Sólo hay cuatro formas del subjuntivo: el presente (**hable**), el presente perfecto (**haya hablado**), el imperfecto (**hablara**) y el pluscuamperfecto (**hubiera hablado**). Por lo tanto, para poder expresar todas las posibilidades
temporales que existen en el indicativo, cada forma del subjuntivo tiene
varias funciones. Por ejemplo, el presente de subjuntivo puede referirse lo
mismo a acciones presentes como también a acciones futuras. La interpretación depende tanto del contexto de la oración subordinada (**no creo
que venga hoy** versus **no creo que venga mañana**) como del tiempo en
que esté el verbo principal. Aunque existen ciertas variaciones regionales, se
pueden ofrecer las siguientes generalizaciones con respecto a la correspondencia entre las formas del subjuntivo y la referencia temporal.

VERBO PRINCIPAL: PRESENTE, PRESENTE PERFECTO, FUTURO, FUTURO PERFECTO O MANDATO[4]			
Realización del verbo subordinado	*Se usa*	*Ejemplos*	
Futura	Presente	No creo que **venga** mañana.	*I don't believe he'll come tomorrow.*
Simultánea	Presente	No creo que **vivan** aquí.	*I don't believe they live (are living) here.*
Anterior (**vino**)	Presente perfecto	No creo que **haya venido.**	*I don't believe he came.*
Anterior (**ha venido**)	Presente perfecto	No creo que **haya venido** ya.	*I don't believe he has come yet.*
Anterior (**estaba**)	Imperfecto	No creo que **estuviera** allí.	*I don't believe he was there.*

VERBO PRINCIPAL: IMPERFECTO, PRETERITO, PLUSCUAMPERFECTO, CONDICIONAL O CONDICIONAL PERFECTO			
Realización del verbo subordinado	*Se usa*	*Ejemplos*	
Futura	Imperfecto	No creía que **viniera** más tarde.	*I didn't believe he would come later on.*
Simultánea (**vivía**)	Imperfecto	No creía que **viviera** allí.	*I didn't believe he lived (was living) there.*
Anterior (**vino / había venido**)	Pluscuam-perfecto	No creí que **hubiera venido.**	*I didn't believe he came (had come).*

Actividad A. Forme nuevas oraciones, sustituyendo las palabras en letra cursiva por la expresión indicada entre paréntesis y haciendo a la vez todos los cambios que sean necesarios.

1. *Estoy seguro de* que ganarán el partido. (Dudo) _____

   _____

2. *Sabemos* que estaba muy enfermo. (Es triste) _____

   _____

3. *Tengo* un amigo que es cubano. (No tengo) _____

   _____

4. *Dicen* que lo aprendió en dos horas. (Es increíble) _____

   _____

5. *Creían* que tenía veinte años. (No creían) _____

   _____

_____

[4]El verbo subordinado al mandato siempre está en el presente de subjuntivo, ya que siempre se refiere a una acción futura.

6. *Les parecía* que sería buena idea. (Les parecía poco probable) _____
_____

7. Llegaron *varios* que lo habían visto. (nadie) _____
_____

8. *Es verdad* que se murió joven. (Es trágico) _____
_____

9. *Se enteraron de* que poco a poco se moría. (Se pusieron tristes) ___
_____

10. *Vieron* una película que ha ganado diez premios. (Quieren ver) ___
_____

Actividad B. Exprese las siguientes oraciones en español.

1. a. We hope they will visit us next year. _____
_____

   b. We hope they are enjoying themselves. _____
_____

   c. We hope they went to the museum. _____
_____

   d. We hope they weren't making too much noise. _____
_____

2. a. They doubted that he would do it. _____
_____

   b. They doubted that we understood. _____
_____

   c. They doubted that I had written to them. _____
_____

El uso del subjuntivo: Un poco de todo

Actividad. Complete las siguientes oraciones con la forma correcta del verbo —ya sea en el indicativo, subjuntivo o infinitivo— según el contexto. ¡Ojo! En algunos casos es posible que haya más de una respuesta.

1. Un día me casaré con alguien que me _____ (querer) de verdad.

2. No es que _____ (ser: ellos) perezosos sino que no _____ (tener) experiencia.

3. Para que _____ (ver) Ud. su error, le voy a dar otra oportunidad.

4. Ellos desean _____ (asistir) a la reunión, pero es probable que _____ (tener) otro compromiso.

5. Dudan que el presidente _____ (resolver) la crisis pronto.

6. Puesto que _____ (tener) Ud. mucha experiencia, le vamos a dar el puesto.

7. Acaban de ver una película que _____ (burlarse) del tema.

8. Puede que _____ (estar) enfermo, pero no me lo creo.

9. Es posible _____ (traer) vino, ¿no?

10. Nos juntaremos cuando tú _____ (recibir) la carta.

11. Que yo _____ (saber), éste es el único restaurante aquí que _____ (servir) comida mexicana.

12. Por mucho que _____ (trabajar: ellos), no pueden ganar.

13. Puedes hacer lo que _____ (querer: tú), con tal de que no _____ (romper: tú) nada.

14. El hecho de que este candidato _____ (haber) sido vicepresidente debe darle mucha ventaja sobre el otro.

15. Me parece horrible que _____ (tener: nosotros) que hacer tantos ejercicios sobre el subjuntivo. ¡Como si no _____ (tener: nosotros) otras cosas más importantes que hacer!

CORRECCION DE PRUEBAS: FORMAS

Actividad.   Revise y corrija el siguiente pasaje, prestando atención especial a los usos del subjuntivo.

Conozco a un joven que acabe de graduarse en la Universidad de Iowa. Estudió por muchos años hasta que recibiera el título de arquitecto. Ahora busca un empleo que le permite desarrollar sus habilidades en ese campo. Sus amigos esperan que él tiene éxito en su búsqueda porque saben que es muy inteligente. Ellos no creen que hay otra persona que puede elaborar mejores planos o diseños. ¡Ojalá yo tenía tantas capacidades y tan buenos amigos! Sé que, por ahora,

me falten muchos años de estudio. Tal vez un día también digan bue-

nas cosas de mí.

REPASO DE VOCABULARIO UTIL: COMPARACION/ CONTRASTE; CAUSA/EFECTO; INTRODUCCIONES/ CONCLUSIONES

VOCABULARIO PARA HACER COMPARACIONES O CONTRASTES	
a diferencia de	lo mismo... que...
al contrario	más/menos... que...
al igual que	no obstante
asemejarse a	parecerse a
compartir las mismas características	ser diferente de
de la misma manera	ser distinto a
del mismo modo	tan... como...
diferenciarse de	tanto... como...
en cambio	tener algo en común
en contraste con	

VOCABULARIO PARA LAS RELACIONES DE CAUSA Y EFECTO	
a causa del (que), debido a (que)	porque, puesto que, ya que
acabar + *gerundio*	responsabilizar
así que	el resultado
causar, desencadenar, originar, producir, provocar	resultar de, proceder de resultar en
como { consecuencia / resultado	se debe a (que)
culpar	ser responsable de
implicar	tras
por { consiguiente / eso / este motivo / lo tanto	

VOCABULARIO PARA INTRODUCCIONES Y CONCLUSIONES

Las introducciones

conviene

es forzoso,
  conveniente,
  necesario, preciso,
  buena idea

importa

no vendría mal

+

aclarar   investigar

conocer   poner de relieve, destacar

examinar   precisar

hacer notar   reconocer

implicar, dar a   repasar
  entender   responder a

               ver de cerca

con respecto a   se trata de   hay que tener presente, hay que tener en cuenta

en cuanto a   tiene que ver con   por lo que se refiere a

en conexión con (no) viene al caso en lo tocante a

Las conclusiones

a fin de cuentas

al fin y al cabo

bien pensado

como consecuencia, en consecuencia

comoquiera que se examine el hecho

con todo

de lo anterior... se deduce que

de lo dicho... se desprende que

de todas modos

después de todo

en conclusión

en definitiva

en el fondo

en realidad

en resumidas cuentas

en resumen

en todo caso

hay que tener en cuenta que, hay que tener
  presente que

por consiguiente

por lo tanto

resumiendo brevemente

se desprende que...

Actividad A. Complete las siguientes oraciones con la palabra o frase que más convenga del vocabulario para hacer comparaciones o contrastes.

1. El rojo, _____ el azul, se considera un color cálido.

2. El té contiene cafeína _____ el café.

3. _____ Cervantes _____ Shakespeare se consideran escritores universales: no pertenecen ni a una sola nación ni a una sola época.

4. La primera mitad de su administración se distinguió en la política interna; _____, en el campo intemacional fue un fracaso total.

5. Una leyenda _____ un mito, pero _____ éste, la leyenda generalmente no trata de los dioses.

Actividad B.   Lea el siguiente párrafo y complételo con la palabra o frase que más convenga de la lista que sigue al párrafo.

En mi familia todo el mundo bebía café, _____[1] no era un

café americano como el que bebo ahora _____[2] un café

fuerte, negro, del Caribe. Era el primer aroma que nos asaltaba por la

mañana. _____,[3] mi abuelita colaba el primer café del día.

_____[4] que hacía era poner el agua a hervir;

_____[5] lavaba el colador y echaba en él el café acabado de

moler. Cuando empezaba a hervir el agua, la pasaba por el colador

lleno de café. Como el colador era de franela, el agua pasaba lenta-

mente y _____[6] el café siempre tenía un aroma delicioso y

un gusto rico. _____[7] tenía que prepararme muy rápida-

mente para la escuela, me gustaba sentarme en la cocina con mi

abuela para hablar y gozar del aroma. Mi papá era el único que sė lo

bebía negro, con un poquito de azúcar. Los demás lo mezclábamos

con una taza casi llena de leche bien caliente y azúcar. Todos, aun los

niños, bebíamos café con leche; los más jóvenes con menos café, por

supuesto. _____[8] no fuera muy bueno el café para los

niños, _____[9] en una mañana fría de enero no había nada

mejor. _____[10] me encanta el café _____[11]

_____[12] no he podido encontrar un colador como el que

usaba mi abuelita.

1. pero, sino, aún

2. pero, sino, aún

3. Por ahora, Generalmente, A lo mejor

4. Lo primero, En gran parte, Por fortuna

5. por ejemplo, luego, en buena medida

6. por eso, por el momento, por suerte

7. Ya que, Aunque, Todavía

8. Quizás, De ese modo, Puesto que

9. pero, sino, aún

10. En gran parte, Todavía, A lo mejor

11. aunque, por eso, así

12. afortunadamente, desgraciadamente, generalmente

Actividad C. Examine los siguientes pares de dibujos. Luego escriba cuatro oraciones sobre cada par, utilizando o el vocabulario para hacer comparaciones o contrastes o el vocabulario para expresar causa y efecto.

1. a.   b.

_____

_____

_____

_____

2. a.   b.

_____

_____

_____

_____

Actividad D. Complete las siguientes oraciones con la palabra o frase que más convenga del vocabulario para introducciones. ¡Ojo! En algunos casos se puede dar más de una respuesta.

1. Para poder comprender bien la política latinoamericana,

    _____ su historia económica.

2. Todavía existe mucha controversia _____ el valor de la educación bilingüe.

3. Siempre _____ el clima y la geografía cuando se habla de cualquier cultura humana.

4. De sus teorías literarias se sabe mucho pero

    _____ sus convicciones políticas se sabe muy

    poco.

5. La energía nuclear es controvertible; _____ los argumentos más frecuentes.

Actividad E. Complete las siguientes oraciones con la palabra o frase que más convenga del vocabulario para conclusiones. ¡Ojo! En algunos casos se puede dar más de una respuesta.

1. _____, la situación es complicadísima;

    _____ es mejor evitar llegar a conclusiones fáciles

    y rápidas.

2. _____ sin un programa de extensa ayuda médica la pequeña población que hoy apenas sobrevive no llegará a la próxima década.

3. Las implicaciones de esta situación son claras;

    _____ se llega a una sola conclusión: hay que

    acabar con las notas.

4. La danza es, _____, una de las formas más antiguas del arte.

5. _____, los hombres se han adaptado más a la compañía de los perros que éstos se han adaptado a la compañía humana.

CORRECCION DE PRUEBAS: EL LENGUAJE Y LA EXPRESION

Actividad. Revise y corrija el siguiente pasaje, prestando atención especial a los usos del subjuntivo, a la selección de **ser** y **estar** y al uso de los tiempos pasados. Subraye lo que se debe cambiar y utilice el espacio a la derecha para escribir las correcciones.

Texto: Los estereotipos

Cambios sugeridos

Estoy parte de un grupo estereotipado por otras personas. Mi familia es de Italia. Mis abuelos nacían en Roma y son muy religiosos. Yo nací en los Estados Unidos y no tengo las mismas opiniones ni creencias que tienen mis abuelos.

Algunos dicen que los italianos sean estúpidos y gordos, pero estos estereotipos son falsos. Nadie en mi familia sea gordo, pues no comemos todo el tiempo, pero hay personas que piensen que todos los italianos siempre comen.

Estos estereotipos preocupan a mis abuelos porque son muy italianos y son orgullosos de serlo. A mí no me preocupan porque soy más o menos americano y además escuché los estereotipos antes.

Es malo clasificar a las personas porque sean parte de un grupo étnico, pero es muy común.

Capítulo **5**

La argumentación (Parte 1)

Páginas personales:
Aproximaciones a la tarea

EN SU CUADERNO...

haga una lluvia de ideas
sobre el tema de los «hot
topics». Identifique todos
los que se le ocurran.
Después, escoja uno de los
temas.
   Prepare una tabla con
dos columnas: pro y
contra. Tome dos minutos
para identificar todas las
ideas que pueda a favor
del tema (pro) y todas las
opiniones en contra. Des-
pués examine las ideas
y haga la redacción libre
sobre el tema.
   Finalmente, analice lo
que ha escrito. ¿Cuál es la
idea principal?

Pro	Contra

Tabla de ideas.   Complete la siguiente tabla de ideas según las instrucciones que se dan en el libro de texto (página 160).

TABLA DE IDEAS
Afirmación que se quiere apoyar (o disputar)
•
•
•
•
•
•
•
•
•
•
•
•
•
•
•
•
•
•

Enfoque. Repase su tabla de ideas y los apuntes de las varias actividades que Ud. ha hecho hasta este punto. Escoja un tema que le interesa personalmente. Haga un mapa semántico de los aspectos del tema que le parecen interesantes e importantes, siguiendo las sugerencias que se ofrecen en el libro de texto (página 163).

_____

_____

_____

_____

_____

_____

_____

_____

EN SU CUADERNO...

examine el tema que Ud. ha escogido. ¿Tiene Ud. autoridad «automática» con respecto al tema? ¿Qué dificultades podría tener un lector en aceptar su postura acerca del tema?

Haga una lista de las objeciones que podría hacer un lector respecto al tema y a la autoridad y credibilidad de Ud. ¿Puede identificar algunas técnicas para refutar estas objeciones?

_____

_____

_____

_____

_____

_____

_____

_____

_____

_____

_____

_____

_____

_____

_____

_____

_____

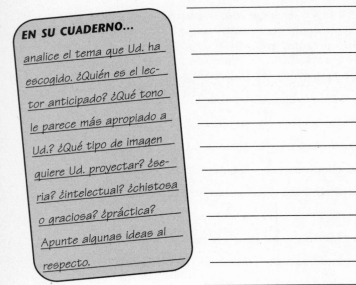

EN SU CUADERNO...

analice el tema que Ud. ha escogido. ¿Quién es el lector anticipado? ¿Qué tono le parece más apropiado a Ud.? ¿Qué tipo de imagen quiere Ud. proyectar? ¿seria? ¿intelectual? ¿chistosa o graciosa? ¿práctica? Apunte algunas ideas al respecto.

Plan de redacción: La argumentación. Complete este plan de redacción para la tarea relacionada con la argumentación, siguiendo los pasos que se dan en el libro de texto (páginas 171–173).

PLAN DE REDACCION: LA ARGUMENTACION

1. El tema: _____

2. La idea principal que quiero comunicarle a mi lector: _____
   _____

3. Mi propósito como escritor: _____

   El lector: _____

   Su propósito al leer: _____

   Preguntas cuyas respuestas el lector busca en el escrito:

   ● _____

   ● _____

   ● _____

   ● _____

4. Los detalles:

   en contra: a favor:

   _____   _____

   _____   _____

   _____   _____

   _____   _____

   _____   _____

   _____   _____

   _____   _____

   _____   _____

   _____   _____

   _____   _____

   _____   _____

   _____   _____

   _____   _____

   _____   _____

Ejercicios de redacción

TECNICAS Y ESTRATEGIAS

Plan de revisión: La argumentación. Trabajando con sus compañeros, completen este plan de revisión para la argumentación, siguiendo los pasos que se dan en el libro de texto (páginas 173–177).

I. El análisis de la posición contraria

Al escribir un ensayo argumentativo, es necesario que el escritor haya considerado de antemano la posición contraria para así poder reconocer y anticipar las objeciones que existan. Al planear la redacción es conveniente que el escritor haga un esquema comparativo tanto de las razones que sustentan la posición que defiende, como las de la posición contraria.

Actividad. Examine los siguientes temas y las posiciones fundamentales que podrían derivarse de ellos. Haga una lista de las razones o los criterios que mejor justifiquen cada posición.

Tema: los juegos olímpicos

Posición que se defiende: Para prepararse para los juegos olímpicos, los atletas necesitan dedicarse exclusivamente a su deporte y por eso deben recibir subvenciones públicas que les permitan hacerlo.

Razones que apoyan la posición que se defiende	*Razones que apoyan la posición contraria*
1. Es difícil trabajar y entrenarse para los juegos al mismo tiempo.	1. Los juegos olímpicos no deben ser para atletas profesionales.
2. Otros países subvencionan a sus atletas.	2. _____
3. _____	3. _____
4. _____	4. _____
5. _____	5. _____

Tema: la fuerza nuclear

Posición que se defiende: El uso de la fuerza nuclear no es siempre negativo. Controlada, la fuerza nuclear puede ser utilizada para beneficio de la humanidad.

Razones que apoyan la posición que se defiende	*Razones que apoyan la posición contraria*
1. _____	1. _____
_____	_____
2. _____	2. _____
_____	_____
3. _____	3. _____
_____	_____
4. _____	4. _____
_____	_____
5. _____	5. _____
_____	_____

II. El editorial y la argumentación

Como se observó en el libro de texto, el editorial, al igual que la argumentación, busca convencer al lector de la validez de cierta postura. La diferencia entre los dos estriba en que el editorial generalmente se limita a la presentación o exposición de una sola postura, mientras que la argumentación presenta también las posturas contrarias.

Actividad A.   Lea el texto «El lenguaje», que aparece a continuación. ¿Es un ensayo argumentativo o es un editorial? ¿Es efectivo (es decir, convincente) el texto? ¿Por qué sí o por qué no? ¿Qué técnicas utiliza el escritor para convencer al lector? ¿Utiliza el humor? ¿Es la voz del escritor creíble con respecto a este tema?

El lenguaje
por Antonio de Senillosa

Según la historia susurrada, que suele ser más veraz e instructiva que la gran Historia, existía en los jardines de Versalles una enorme jaula donde soportaba su cautividad un orangután. El cardenal de Polignac observó sus gestos que, como su aspecto y su mirada, eran tan humanos que distrajeron a Su Eminencia hasta el punto de olvidar sus rezos y pasarse más de una hora mirándolo fijamente. El orangután le hizo toda clase de monadas, le dio la mano, le aceptó un cigarrillo y el fuego que el cardenal le ofreció para que no fuera lo que ahora llaman un fumador pasivo; luego le pidió un escapulario y se lo colgó del cuello. Fascinado, el cardenal de Polignac le gritó: «*Háblame y te bautizo ahora mismo.*»

Tenía razón el cardenal. El lenguaje es el factor principal de nuestra superioridad sobre los demás animales, aunque es también un arma terrible. «*El hombre se halla tan indefenso ante la seducción de las palabras como ante una enfermedad infecciosa*», escribió Arthur Koëstler en *Jano*, libro escrito poco antes de su suicidio. El lenguaje da al pensamiento una potencia que lo fortalece, pero a causa de su enorme fuerza emotiva puede convertirse en el principal catalizador de la transformación del individuo en homicida.

Otras palabras degradan a diario nuestra convivencia estética. Padecemos una penosa atrofia de la escritura, soportamos unos discursos pedantes y pretenciosos que, algunos, no nos cansamos de ridiculizar. Pero, desgraciadamente, no existe una clínica del lenguaje donde internar a los delincuentes o enfermos gramaticales. Y, además, es preciso enriquecer el lenguaje ante las violentas interpenetraciones entre culturas y lenguas.

El lenguaje, como todo lo cultural, debe nacer y vivir de la sociedad y no del Estado, pues cuando el político toca la cultura la convierte en propaganda. Pero el Estado sí debe proveer la infraestructura necesaria para que pueda desarrollarse. Y por ello debe existir un organismo dotado de medios suficientes para asegurar la defensa, el enriquecimiento y la difusión internacional del idioma español. Menos gastos en centenarios y milenarios y más ocuparse de la lengua que es, a fin de cuentas, la respiración del pueblo y la huella más hermosa que dejamos en América.

Actividad B.   Abby, una estudiante de tercer año, acaba de leer «El lenguaje». Como no está de acuerdo con el punto de vista presentado en este texto, decide redactar un ensayo para exponer su propia opinión y defenderla. Propone incluir las ideas del texto «El lenguaje» así como los puntos a favor de la existencia de una Academia de la Lengua y desarrollar un argumento en contra de estos puntos. A continuación se encuentran algunas de las ideas que ella ha apuntado. ¿Le parece a Ud. que todas son apropiadas para la tesis que ella ha formulado?

Tesis: La salud de una lengua viva no depende de la protección de una institución como la Real Academia de la Lengua

- Lema de la Real Academia: «sanea, fija y agrega esplendor» al español.

- Actualmente, 400 millones de personas hablan el español; los españoles = sólo un 10 por ciento del total.

- Los otros «megalenguajes» (el chino, el inglés, el árabe, el hindi) florecen sin necesidad de una «policía lingüística».

- La Real Academia publica un diccionario que es visto como la última palabra con relación a lo que se considera, o no se considera, español.

- En la última edición del diccionario de la Real Academia se reconocen sólo unas 600 palabras nuevas de México; ¡un grupo de académicos mexicanos recientemente publicó una lista de casi 70.000 palabras nuevas!

- Octavio Paz: «Muchas naciones hablan la lengua castellana y la identifican como su lengua madre. Sin embargo, ninguno de esos pueblos tiene derechos exclusivos o derechos de propiedad sobre ella. El idioma pertenece a todos y a ninguno».

- ¡¡Ser diferente ≠ estar enfermo!!

- Cambio lingüístico = proceso natural, característica de toda lengua viva.

- España se considera como el árbitro final en lo que concierne al idioma; existen dependencias de la Real Academia en la mayoría de los países latinoamericanos pero están subordinadas a Madrid.

- 1868: Félix Ramos y Duarte publicó el primer diccionario de mexicanismos; la Real Academia lo describió como un compendio de terminología «viciada».

INTERACCIONES LECTOR/ESCRITOR

La credibilidad

Para lograr convencer a otra persona de algo, es necesario presentarse ante los ojos de esa persona como un individuo responsable y razonable. Esto significa establecerse como alguien que ha tomado en cuenta otras perspectivas del tema y que ha evaluado —o por lo menos ha intentado evaluar— los datos objetivamente. En resumen, hay que darse a conocer como un individuo cuyo punto de vista merece ser considerado.

A fin de establecerse como una voz creíble, no es necesario mantener un tono absolutamente neutro. Pero sí es preciso evitar un tono demasiado fuerte, ya que éste puede implicar una perspectiva cerrada o parcial. Se debe evaluar pero no ofender o adular. El sarcasmo puede ser apropiado en un ensayo cómico, pero no en un ensayo argumentativo. En general, es preferible evitar el uso de la primera persona («yo pienso», «yo sé») y emplear formas más impersonales («piensan», «se sabe»).

Actividad. Lea el siguiente texto con cuidado. ¿Le parece creíble la voz del escritor? Identifique y subraye las expresiones que ayudan a establecer el tono del texto.

No cabe la menor duda que publicar memorias se ha puesto muy de moda entre los más —y los menos— famosos del mundo entero.

La preparación y puesta en el mercado de un volumen de este tipo es un proceso simple y poco complicado. De buenas fuentes sé que sólo se buscan unas cuantas fotografías, se reflexiona sobre momentos recónditos del pasado y se comienza a relatar la vida de uno mismo a ese aparato electrónico tan útil: la grabadora. Con el texto ya grabado, se llama a algún escritor y se le pide que «edite» las memorias. Posteriormente, se publica la obra maestra con los adjetivos *sen-*

sacional, reveladora, escandalosa y así, de la noche a la mañana, las memorias de X se convierten en el libro más vendido de la semana y su sujeto en un «autor» de mucho éxito.

¿Qué le puede motivar a uno a descubrir ante un público desconocido los momentos triviales de una niñez más bien mediocre? Primero, el materialismo: motivados por el solo deseo de ganar dinero con sus historias, los famosos no tienen el más mínimo escrúpulo para revelar sus secretos más recónditos con el fin de vender miles y miles de copias de lo que ellos consideran su obra maestra. Segundo motivo (que ellos dicen ser el primero), el juicio de la historia: publican sus memorias impulsados por la imperiosa necesidad de contar —imparcial y objetivamente— *su* propia versión de la historia y corregir de este modo ante el público la imagen distorsionada que de ellos habrán creado los medios de comunicación.

Desgraciadamente, la ola de estos libracos va aumentando. Al parecer, el número de personas interesadas en comprar y leer estas obras sigue creciendo cada vez más.

CORRECCION DE PRUEBAS: CONTENIDO Y ORGANIZACION

Actividad.   Una estudiante de tercer año ha escrito un ensayo en que describe cierto sistema penitenciario y aboga por él. Escribe para sus compañeros de clase (es decir, para un público que lee por interés). Analice cuidadosamente el texto, contestando las preguntas 1–10.

1. Ud. es el lector pensado. Identifique cuál es su propósito al leer el ensayo.

    Propósito: _____

    Apunte aquí cuatro o cinco preguntas relacionadas con su propósito cuyas respuestas buscará en la narración. Después, siga con el análisis.

    _____

    _____

Texto: La prisión abierta: una posible solución

Análisis

Expertos criminalistas han reconocido los múltiples defectos del sistema penitenciario al comenzar a buscar nuevas formas de penalización, y han llegado a la conclusión de que la prisión abierta puede ser la solución.

El objetivo principal de la prisión abierta no es castigar al prisionero sino rehabilitarlo, o sea, prepararlo para que vuelva a la sociedad —y que viva en ella— sin problemas. En este lugar el individuo podrá desarrollar sus habilidades de acuerdo con sus intereses, para reintegrarse más tarde. Para lograr este objetivo se ubicará al prisionero en un grupo y se le asignarán tareas específicas de acuerdo con sus habilidades.

La rehabilitación del prisionero estará basada en la confianza, y por eso, en esta cárcel no habrá crueles barreras, ni frías rejas para prevenir que se escape. En este sistema el preso será considerado un colaborador. Los que administren y trabajen en estas instituciones deberán tener presente que el castigo no es una medida vengativa, sino socializadora.

Se hará todo lo posible para que el prisionero pueda continuar con normalidad la vida que él llevaba antes de cometer el crimen.

No cabe la menor duda de que la prisión abierta es mucho más humana y justa que el sistema actual. El cambio es radical —de esto tampoco hay duda— pero sólo un cambio radical puede solucionar el problema.

2. ¿Qué tal acierta el escritor en contestar sus preguntas? ¿Contesta todas?

_____

_____

_____

3. ¿Cuál es la tesis que el escritor intenta justificar? ¿Se han considerado otros puntos de vista también?

_____

_____

_____

4. ¿Se relaciona toda la información directamente con la idea principal? Si no, ¿qué parte(s) no viene(n) al caso?

_____

_____

_____

5. ¿Hay partes en las cuales le gustaría a Ud. tener más información (explicación, ejemplos, detalles)?

_____

_____

_____

6. ¿Hay partes del texto en que de repente Ud. se encuentre «perdido/a»?

_____

_____

_____

7. Haga rápidamente un bosquejo del texto en su totalidad. ¿Le indica lugares donde la organización del texto debe cambiarse?

_____

_____

_____

8. ¿Captó su interés la introducción de manera que Ud. quisiera seguir leyendo?

_____

_____

_____

9. ¿Qué parte(s) del borrador le gusta(n) más?

_____

_____

_____

10. ¿Le sirvió la conclusión como buen resumen de la información en el texto? ¿Le ayudó a comprender la importancia del tema para el escritor?

_____

_____

_____

Ejercicios de lenguaje

REPASO DE ASPECTOS BASICOS

La oración compuesta

La oración compuesta consiste en dos o más cláusulas u oraciones generalmente unidas por medio de una conjunción. Las oraciones compuestas son de dos tipos: las coordinadas y las subordinadas. Recuerde que las coordinadas unen oraciones independientes; las subordinadas unen una oración independiente con una dependiente.

EJEMPLO:

Oración simple:	Laura y Carlos se graduaron el año pasado.
Oración compuesta coordinada:	Laura y Carlos se graduaron el año pasado, pero ninguno ha conseguido empleo todavía.
Oración compuesta subordinada:	Laura y Carlos, quienes todavía no han conseguido empleo, se graduaron el año pasado.

Actividad A.   Lea las siguientes oraciones. Indique si son oraciones compuestas coordinadas (**C**) o subordinadas (**S**). Si una oración es subordinada, subraye la cláusula principal.

1. _____ Hazme la comida y no te regañaré.

2. _____ El médico prefiere que el señor no beba tanto.

3. _____ No creían que todavía estuvieras allí.

4. _____ Siempre nos preparan una comida estupenda o nos invitan a comer en un restaurante elegante.

5. _____ Los músicos prefieren tocar música latina pero siempre les piden rock.

6. _____ Ya que recibieron un aumento de sueldo, decidieron no continuar con la huelga.

7. _____ Las reuniones semanales son obligatorias; tienen lugar cada jueves a las dos y media.

8. _____ Las reuniones semanales, que tienen lugar cada jueves a las dos y media, son obligatorias.

9. _____ Hacen lo que les decimos.

10. _____ Si fuera millonario, me compraría un BMW.

Actividad B. Junte cada par de oraciones por medio de una de las conjunciones coordinadas (**y, o, pero** o **sino que**), según convenga.

1. Quiere ir al zoológico. No tiene bastante dinero. _____

   _____

2. El señor salió. Volvió con los dulces. _____

   _____

3. No terminará hoy. Lo dejará para mañana. _____

   _____

4. Tiene que regar las flores. Se morirán. _____

   _____

5. Juanita me regaló un disco. También me invitó a cenar. _____

   _____

6. El estudiante prestó mucha atención. No comprendió nada. _____

   _____

7. No le prestó el tocadiscos. Se lo alquiló. _____

   _____

Actividad C. Junte cada par de oraciones por medio de una de las conjunciones subordinadas (**si, que, quien, porque, aunque, para que** o **cuando**), según convenga. No se olvide de hacer todos los cambios necesarios.

1. Te daré $5,00. Me cortas la hierba. _____

   _____

2. Dijeron. Vendrían más tarde. _____

   _____

3. Le dimos de comer. No se quejará. _____

   _____

4. Es muy generoso. No tiene mucho dinero. _____

   _____

5. No encontraron asiento. Llegaron tarde. _____

   _____

6. Lee estos artículos. Entenderás mejor nuestra posición. _____

   _____

7. Sabe la dirección. No quiere dármela. _____

   _____

8. Te prestaré mi vestido nuevo. Te verás más alegre. _____

   _____

Actividad D.   Junte las siguientes oraciones por medio de una de estas conjunciones: **como, con tal que, hasta que, antes de que** o **por más que.** Haga los cambios necesarios.

1. Es alta. Será buena jugadora de basquetbol. _____

    _____

2. Mañana vienen. Prometemos escucharlos. _____

    _____

3. Nos dedicamos a la práctica. No seremos músicos. _____

    _____

4. Francisco terminó la carrera. Llovió. _____

    _____

5. Quédate aquí. Llegará un taxi. _____

    _____

6. Tendré que amanecer. No he terminado la lectura para la clase. ___

    _____

7. No comprenderá esa teoría. Se la explican. _____

    _____

8. No podré comprar la pintura. Ganaré más dinero. _____

    _____

Actividad E.   Escriba de nuevo las siguientes oraciones, sustituyendo las conjunciones subordinadas por coordinadas y viceversa, según convenga. Haga los cambios necesarios.

1. Vendrán y luego se lo diremos. _____

    _____

2. Todos mis amigos, quienes viven cerca de mi casa, se llevan bien

    con mis padres.

    _____

3. Quieren estudiar más, pero el costo de los estudios es

    prohibitivo.

    _____

4. Han llegado todos; podemos empezar. _____

    _____

5. Un compañero mío es hijo único y sus padres lo miman mucho.

    _____

    _____

Actividad F. Combine en forma lógica las siguientes oraciones para formar una o dos oraciones compuestas. Haga los cambios necesarios.

1. Mi hermano tiene un perro. Ese perro se llama Hooper. Es muy listo. Mi hermano lo ha entrenado. Puede hacer muchas maromas.

   _____

   _____

   _____

   _____

2. El año escolar dura desde septiembre hasta fines de abril. Durante el año escolar espero con ansiedad el primer día de mayo. Solamente en verano puedo disponer de tiempo para mí solo.

   _____

   _____

   _____

   _____

3. Escribir un buen ensayo es un arte. Exige mucha práctica y paciencia. Un buen ensayo se basa en la creatividad además de la razón.

   _____

   _____

   _____

   _____

4. El reggae es una forma de música derivada en parte del calipso. Tiene sus orígenes en la isla de Jamaica. Sus temas principales son la opresión y la libertad. Bob Marley y Peter Tosh son dos de sus intérpretes más conocidos.

   _____

   _____

   _____

   _____

5. Hoy día, muchas ciudades apoyan el desarrollo del arte público. Para ello reservan un porcentaje del dinero conseguido en las emisiones de bonos para el arte. El arte público generalmente consiste en esculturas al aire libre o murales. Se encuentra en plazas, en parques, frente a los edificios de algunas corporaciones y en paradas de autobuses.

   _____

   _____

   _____

   _____

REPASO DE ASPECTOS GRAMATICALES

Los pronombres relativos (páginas 178–183 del libro de texto)

Actividad A. Escoja el pronombre relativo que mejor corresponda a cada contexto y subráyelo una vez. Indique a la vez aquéllos cuyo uso es correcto pero menos frecuente y subráyelos dos veces.

1. Aun las personas (que / quienes / las que) han estudiado este fenómeno no lo entienden del todo.

2. Nunca encontraron el tesoro (el que / que / el cual) los piratas habían escondido.

3. El presidente siempre regala los bolígrafos con (que / los que / los cuales) firma los documentos importantes.

4. Hoy en día, un matrimonio típico dura menos de diez años, (que / el que / lo cual) representa un grave peligro para la familia como unidad social.

5. La puerta por (que / la que / la cual) entraron era baja y estrecha.

6. El reinado de los Reyes Católicos, durante (el cual / lo cual / el que) se unificó toda la península Ibérica, presenció varios acontecimientos históricos de gran importancia.

7. El antecedente a (que / el que / el cual) se refiere es un objeto.

8. Los aficionados, (que / quienes / los cuales) habían hecho cola durante toda la noche, no pudieron entrar hasta mediodía.

9. El castillo hacia (que / el que / el cual) caminaban pertenecía a un duque (que / quien / el que) tenía fama de ser muy cruel.

10. Esa es la mujer de (que / quien / la que) habíamos leído tanto en el periódico.

Actividad B. Junte las oraciones por medio de pronombres relativos.

1. El puente Golden Gate de San Francisco es muy largo. El puente es conocido en todo el mundo. _____

   _____

2. Compré un aparato. Puedo pelar patatas con el aparato. _____

   _____

3. Inventaron un aparato complicado. Es posible guiar los rayos láser con el aparato. _____

   _____

4. Las ventanas de los coches son electrónicas. Diseñaron las ventanas este año. _____

   _____

5. Todas estas parejas todavía mantienen una relación amigable. Las parejas antes estaban casadas. _____

_____

6. En el libro se describe un proceso. Mediante el proceso se extrae la sangre del cuerpo para purificarla. _____

_____

7. Todos los procesos tienen importantes repercusiones en las personas. Nos hablaron de los procesos. Las personas sufren de enfermedades cardíacas. _____

_____

8. El árbol fue destruido durante una tempestad. El ladrón había escondido las joyas en el árbol. _____

_____

9. La duquesa ya se había muerto. El ladrón había robado las joyas de la duquesa. Eso creó problemas jurídicos. _____

_____

10. Existen muchos fenómenos. Las explicaciones de los fenómenos no se basan en la ciencia. _____

_____

Actividad C. Exprese las siguientes oraciones en español, usando pronombres para referirse a personas.

1. Miguel Angel Asturias is one of the Latin American writers who has received the Nobel Prize for literature. _____

_____

2. The Santiagos are the people whose house my brother-in-law bought. _____

_____

3. The musician with whom I studied died in an accident a few months ago. _____

_____

4. Those who fled the enemy during the war found new homes in a neighboring country. _____

_____

5. The young Polish couple, about whom you've heard me speak so
   often, is arriving this evening for a visit. _____

   _____

   _____

Actividad D. Exprese las siguientes oraciones en español, usando
pronombres para referirse a cosas.

1. The book that the professor was talking about is not yet available
   at the library. _____

   _____

2. Their last concert, which was in the stadium, was a huge success.

   _____

   _____

3. The semester during which I met them was very difficult for me.

   _____

   _____

4. That is the museum whose collection of indigenous artifacts most
   interests us. _____

   _____

5. The results of the investigation, which have just been revealed,
   prove that his death was accidental. _____

   _____

Actividad E. Exprese las siguientes oraciones en español, usando
pronombres para referirse a ideas y a otras abstracciones.

1. What interests him most is winning the tournament. _____

   _____

2. Finally she attended her graduation, after which her friends gave
   her a big party. _____

   _____

3. They drove very fast, which caused the officer to give them a
   speeding ticket. _____

   _____

4. John didn't buy anything that his roommate had requested. _____

   _____

   _____

5. Linda never arrived on time, for which she was finally fired. _____

   _____

   _____

CORRECCION DE PRUEBAS: FORMAS

Actividad A.   Revise y corrija el siguiente pasaje, prestando atención especial al uso de los pronombres relativos.

Roberto es uno de esos jóvenes los cuales siempre buscan aventura. Este año se ha interesado mucho en los viajes en balsa los que se hacen todos los días en el Río Grande al norte de Nuevo México. Los viajes que más le atraen son los cuales salen de Arroyo Hondo, pasando por aguas espumosas, cual son muy peligrosas. Este verano el río está muy crecido, debido a la rapidez con que se derrite la corona de nieve la que todavía permanece en nuestras montañas.

Ayer Roberto me invitó a que lo acompañara en uno de esos viajes, el que no me interesa en absoluto. Como Roberto sí me interesa, tendré que sugerirle otra actividad la cual los dos podamos compartir.

Actividad B.   Revise y corrija el siguiente pasaje, prestando atención especial tanto a los usos de los pronombres relativos como a la selección del indicativo y del subjuntivo, los artículos definidos e indefinidos y las formas de la voz pasiva.

Las autoridades municipales de varias de las grandes ciudades de Latinoamérica han comenzado a implementar medidas a fin de solucionar los problemas que enfrentan. En Santiago de Chile, por ejemplo, ciertas calles del sector céntrico han sido convertido en paseos peatonales, es decir, en calles donde no puedan transitar vehículos, sólo personas. Ahora hay una ley cual es llamada comúnmente la ley de los ruidos molestos. Esta ley reglamenta el uso de las bocinas de los coches: no permite que un conductor toca la bocina de su automóvil en forma intermitente. Si un conductor quien viola la ley es sorprendido por la policía, recibe una multa.

Aplique estas mismas técnicas a la revisión del borrador de su propio escrito.

REPASO DE VOCABULARIO UTIL: LOS ARGUMENTOS

VOCABULARIO PARA LA PRESENTACION DE ARGUMENTOS	
a causa de	los contrincantes (opinan que...)
coincidir con, concordar con	los estudiosos de la materia (han concluido que...)
dar por (concluido, descontado, sabido)	los investigadores...
de antemano	los partidarios...
discrepar de	los peritos en la materia...
en su mayor parte	los proponentes...
es evidente que	mantener que
es lógico pensar que	opinar que
está claro que	proponer que
estar de acuerdo con	según (los conocedores, expertos...)
los conocedores (han dicho que...)	

Actividad. Complete las siguientes oraciones con la palabra o frase de la lista que mejor convenga.

los contrincantes	está claro que	de antemano
los investigadores	está de acuerdo con	por descontado
los partidarios	según	mantienen que
es evidente que	a causa de	

1. Hace más de diez años que el programa de exploración espacial de nuestro país sufrió el gran desastre del «Challenger».

    _____ esta catástrofe, se autorizaron varias comisiones para investigar lo que pasó y para asegurar que semejante tragedia jamás volviera a repetirse.

2. Hoy día, muchas de las personas miopes usan lentes de contacto.

    _____ ellos, se ve mejor con estos lentes que con anteojos, además de que son muy cómodos.

3. Uno de los temas más discutidos en los Estados Unidos es la calidad del sistema educativo. Algunos creen que es uno de los mejores sistemas del mundo, mientras que otros creen lo opuesto.

    _____ mencionan el hecho de que nuestras escuelas educan a todos los niños/jóvenes por 12 años, no solamente a los más listos. _____ dicen que ése es precisamente el problema: al tratar de educar a todos por tantos años, no se educa bien a nadie.

4. El ejercicio regular es necesario para mantener la buena salud. Los

médicos _____ se debe hacer ejercicio o practicar algún deporte por lo menos tres veces a la semana. Este ejercicio debe durar de 45 a 60 minutos para conseguir los beneficios cardiovasculares. Aunque mucha gente _____ esta recomendación, _____ no todo el mundo la sigue. A algunas personas les falta el tiempo y a otras la autodisciplina. Si Ud. quiere empezar un programa de ejercicio para sentirse mejor, es importante consultar con un médico _____.

CORRECCION DE PRUEBAS: EL LENGUAJE Y LA EXPRESION

Actividad. Revise y corrija el siguiente pasaje, prestando atención especial a los usos del subjuntivo, a la selección de **ser** y **estar** y al uso de los pronombres relativos. Subraye lo que se debe cambiar y utilice el espacio a la derecha para escribir las correcciones.

Texto: La violencia en la televisión

Cambios sugeridos

La televisión ejerce una influencia negativa en los niños porque presenta demasiada violencia.

Muchos de los programas de televisión muestran asesinatos, guerra y agresiones de todo tipo, y los niños asimilan estas imágenes diariamente. Incluso los dibujos animados, los que se presume que sean diseñados pensando en los niños, contienen un número elevado de episodios violentos. El problema está que la mayoría de estos episodios sólo muestre la agitación y emoción que produce la violencia porque esto es que atrae como espectáculo. Se olvidan completamente las otras consecuencias de la violencia: el sufrimiento, el dolor, el horror, la repulsión.

El niño quien ve la televisión todos los días recibe una imagen distorsionada de la realidad, y en sus juegos intenta recrear lo que ha aprendido en la televisión. La investigación ha demostrado que esto se hace aún más peligroso en el caso de los niños con tendencias agresivas pues éstos querrán poner en práctica en la vida real algunas de las agresiones que están presentadas a diario en la pantalla de su televisor. La violencia no es un juego; debe ser eliminada de los programas de televisión.

La argumentación (Parte 2)

Páginas personales:
Aproximaciones a la tarea

EN SU CUADERNO...

resuma en una tabla de ideas los puntos significativos del texto que ha leído. Luego, identifique un problema con el texto, algo que le confunde o que le deja perplejo/a. Haga la redacción libre brevemente para explorar este problema. ¿Por qué le resulta problemático este aspecto?

EN SU CUADERNO...

vuelva al problema textual que identificó anteriormente y aplíquele las preguntas periodísticas apropiadas. ¿Empiezan a surgir algunas respuestas posibles? ¿algunos nuevos dilemas? Haga una tabla de ideas para su texto.

Tabla de ideas. Complete la siguiente tabla de ideas según las instrucciones que se dan en el libro de texto (página 213).

TABLA DE IDEAS: [*NOMBRE DEL TEXTO*]	
Problemas/Dilemas/Curiosidades	*Para explorar más: Posibles respuestas o resoluciones*
1.	a.
	b.
	c.
2.	a.
	b.
	c.
3.	a.
	b.
	c.
4.	a.
	b.
	c.
5.	a.
	b.
	c.

EN SU CUADERNO...

examine el tema (o el borrador, si ya ha empezado a escribir) que Ud. ha escogido. De acuerdo con su tesis, ¿cuál podría ser un título apropiado? Apunte algunas ideas al respecto.

_____

_____

_____

_____

_____

_____

_____

_____

_____

_____

_____

_____

_____

Plan de redacción: La argumentación sobre la literatura. Complete este plan de redacción para la tarea relacionada con la argumentación, siguiendo los pasos que se dan en el libro de texto (páginas 225–226).

PLAN DE REDACCION: LA ARGUMENTACION

1. El tema: _____

2. La tesis que quiero defender: _____

3. Mi propósito como escritor: _____

   El lector: _____

   Su propósito al leer: _____

   Preguntas cuyas respuestas el lector busca en el escrito:

   - _____
   - _____
   - _____
   - _____

4. Los detalles: _____

_____

_____

_____

_____

_____

_____

_____

_____

_____

_____

_____

_____

_____

_____

_____

_____

_____

_____

_____

_____

_____

_____

Ejercicios de redacción

TECNICAS Y ESTRATEGIAS

I. El resumen y la argumentación

El ensayo argumentativo incluye, con frecuencia, un resumen de los acontecimientos importantes de la obra que se va a comentar. Pero no es lo mismo un ensayo que incluye un resumen que un ensayo que se define como un resumen. La diferencia tiene que ver con el propósito del texto. El resumen ofrece, en forma condensada, lo esencial de la materia; su propósito es principalmente informativo. Por otro lado, el propósito del ensayo argumentativo es persuadir al lector de la validez de la tesis del escritor; en este caso, el resumen figura como antecedente de la evidencia que se va a presentar.

Con frecuencia, los escritores inexpertos presentan como ensayo argumentativo lo que no es sino un resumen de la acción, más algunas observaciones personales. Recuerde que el ensayo argumentativo defiende una tesis, mientras que el resumen no lo hace.

Actividad.   El profesor de una clase de redacción les ha pedido a los estudiantes que escriban un ensayo argumentativo. El siguiente texto es el borrador preliminar de un ensayo sobre la novela corta *El coronel no tiene quien le escriba* del escritor colombiano Gabriel García Márquez. Léalo con cuidado. ¿Es un resumen o un ensayo argumentativo? ¿Qué sugerencias le haría Ud. al autor del texto?

El humor

La novela corta *El coronel no tiene quien le escriba* de Gabriel García Márquez tiene algunas partes en que hay pasajes humorísticos; pero por lo demás, es triste y tiene un tono un poco amargo. La historia es de un viejo, su familia (que consiste en su mujer y un gallo) y las penas, las injusticias y también las desilusiones que sufren. El viejo (el coronel) es pobre —su mujer piensa que se están muriendo de hambre y que él debe vender el gallo— pero aquél se niega a hacerlo. El gallo parece ser el símbolo de su hijo muerto, de su orgullo y también de la esperanza. Por ejemplo, el coronel cree que después de que el gallo gane una pelea en la gallera, ellos tendrán suficiente dinero. (Más tarde descubrimos que el gallo no gana.)

Toda la novela es así: —muy triste. Ellos sufren muchas desilusiones y empiezan a rendirse ante su mala fortuna. Pero, afortunadamente, el autor agrega algunos toques humorísticos a la novela para hacerla menos penosa.

El humor sutil ocurre en muchas partes de la novela. Por ejemplo, en la página 25 hay un párrafo en que el coronel y el médico discuten la censura de los periódicos. El coronel dice:

> Desde que hay censura los periódicos no hablan sino de Europa... .
> Lo mejor será que los europeos se vengan pacá y que nosotros nos
> vayamos.
>
> Y el médico le responde: «Para los europeos América del Sur es un
> hombre de bigotes, con una guitarra y un revólver».
>
> Hay otros ejemplos de humor en la novela, como en la página 47,
> cuando el coronel compara a su mujer con el «hombrecito de la avena
> Quaker» en medio de una pelea entre ellos sobre la aptitud del coro-
> nel para los negocios. Este ejemplo, como otros en la novela, nos ayuda
> a comprender la personalidad del coronel y cómo él puede mantener
> su sentido del humor cuando las cosas parecen tan malas, y crean al-
> guna simpatía hacia él.

II. El lenguaje personal

En la redacción, el lenguaje personal incluye expresiones o frases que
pueden ser significativas para el escritor por sus experiencias previas o
por su conocimiento del tema. Sin embargo, para el lector estas mismas
expresiones pueden ser desconocidas o incluso confusas. Ya que todo lector tiene ciertas expectativas cuando va a leer un texto, es posible que in-
terprete el lenguaje personal del escritor según sus propias ideas. De esta
manera el lector puede comprender *las palabras que escribe* el escritor sin
realmente entender *lo que éste desea comunicar*.

Ud. ya tiene experiencia con la identificación y corrección de ejemplos de lenguaje personal puesto que muchos de los problemas que se
han encontrado en los textos de la sección Corrección de pruebas: Contenido y organización se deben a este fenómeno. A continuación se
repasan varios de los casos ya vistos.

Actividad. Analice las cinco oraciones a continuación, identificando y
subrayando ejemplos de lenguaje personal. Luego sugiera una manera de
ampliar o clarificar el lenguaje.

1. El hombre macho cree que las mujeres son inferiores. (Capítulo 3)

   _____

   _____

2. El hombre tímido es un hombre que se ha asustado por una razón
   u otra y se porta como una mujer. (Capítulo 3)

   _____

   _____

3. Cuando un estudiante se encuentra con personas distintas de lugares diferentes, aprende más sobre la vida, la cultura y las ideas
   de otra gente. (Capítulo 4)

   _____

   _____

4. Expertos criminalistas han reconocido los múltiples defectos del sistema penitenciario y han llegado a la conclusión de que la prisión abierta puede ser la solución. (Capítulo 5)

_____

_____

5. No cabe duda de que la prisión abierta es mucho más humana y justa que el sistema actual. (Capítulo 5)

_____

_____

INTERACCIONES LECTOR/ESCRITOR

Las transiciones

La función de una frase de transición es indicar al lector la relación entre una idea y otra en el escrito. Puede señalar que la idea que se presenta ahora se relaciona con otra que se va a presentar más adelante o que se presentó antes. Las frases de transición que se usan para indicar que se cambia de tema sirven para evitar una prosa demasiado abrupta y, al mismo tiempo, aseguran que el lector siga el hilo del razonamiento del escritor.

Actividad. Las oraciones de esta y la próxima página pueden ordenarse para formar un breve ensayo. Guiándose tanto por el sentido de las oraciones como por los pronombres y frases de transición, arréglelas de manera lógica.

a. _____ Y, como resultado, menos asesinatos.

b. _____ El primer grupo, el de los que se oponen, hace notar que a los ciudadanos de este país se les garantiza el derecho de portar armas para protegerse.

c. _____ Es una decisión difícil, especialmente si uno ha sido amenazado alguna vez con un arma de fuego.

d. _____ ¿O mantiene sus derechos y corre el riesgo de ser víctima de un bandido con revólver?

e. _____ Parece que hay dos grupos principales que se interesan en este asunto: el de los que se oponen a la restricción y el de los que la apoyan.

f. _____ Y mientras debaten la cuestión, el número de muertes sigue subiendo.

g. _____ Se da a entender que la falta de este derecho resultará en menos personas que portan revólveres.

h. _____ Aún continúa la discusión en el Congreso, y el público tiene que escoger a cuál grupo apoyar.

i. _____ Cada grupo dedica mucho tiempo y energía a hacer propaganda para convencer al público de que su posición es válida.

j. _____ Recientemente ha habido gran discusión en los Estados Unidos acerca de la restricción del uso de revólveres.

k. _____ Implica que el número de homicidios disminuirá si el ciudadano medio no tiene el derecho de portar armas.

l. _____ Esta garantía se halla en la Constitución de los Estados Unidos.

m. _____ También observa que si se abroga este derecho, sólo los criminales tendrán armas.

n. _____ Por su parte, el segundo grupo prefiere señalar el gran número de muertes que resultan como consecuencia del uso de revólveres.

o. _____ ¿Cede el público un derecho básico con la esperanza de reducir el número de revólveres en circulación y reducir así el número de muertes?

¿Qué tipo de palabras o expresiones le ayudaron a establecer el orden lógico? ¿Pudo identificar cierto tono en el ensayo? Explique. La presentación de los datos en este ensayo se basa en la causa y el efecto. ¿Qué opina Ud. de los razonamientos? ¿Son válidos? ¿Existe la relación por pura coincidencia? Explique.

_____

_____

_____

_____

_____

CORRECCION DE PRUEBAS: CONTENIDO Y ORGANIZACION

Actividad. Una estudiante de tercer año ha redactado un ensayo argumentativo sobre el cuento «Paseo» del escritor chileno José Donoso. A continuación se presenta un borrador preliminar de su ensayo. Analice cuidadosamente el borrador, contestando las preguntas 1–11.

1. Ud. es el lector pensado. Identifique cuál es su propósito al leer el borrador.

   Propósito: _____

   Apunte aquí cuatro o cinco preguntas relacionadas con su propósito cuyas respuestas buscará en el ensayo. Después, siga con el análisis.

   _____

   _____

   _____

   _____

   _____

Texto: La fuga de la tía Matilde y la perra

El cuento «Paseo» básicamente relata las relaciones entre un niño y su familia. El niño, que resulta ser el narrador del cuento, declara que su familia es amarga y que hay una falta absoluta de sentimientos entre sus miembros. Entre las varias acciones que ocurren en este cuento, se destaca la de la fuga repentina e inesperada de la tía Matilde, una mujer de carácter fuerte y conservador. En este ensayo quisiera probar que la perra introducida a mitad de la historia funciona como símbolo de cómo la tía Matilde va cambiando —transformándose— y que, además, es el factor que provoca el cambio en ella.

En la parte II, la tía Matilde es presentada como una mujer fiel y dedicada a los trabajos de la casa. Después de la cena, es como un ritual para ella subir a los dormitorios de sus hermanos para alistarles las camas. Aunque la tía le presta poca atención al niño, éste aprecia su trabajo: «no dudaba de la excelencia y dignidad de sus hermanos». Es probable que la mayoría de los lectores comparta esta impresión. Además, ella solía divertirse todos los días jugando al billar con sus hermanos, tratando de esta manera de romper la solemnidad de la casa. El billar es el único medio para que se junte la familia en un lugar y que pasen todos un rato juntos. Según el narrador, esta actividad disimula la incomodidad que prevalece entre los miembros de la familia.

La conducta de la tía Matilde empieza a cambiar después de encontrarse una tarde con una perra perdida en la calle. La primera reacción de la tía es rechazar a la perra: «¡Pssst! ¡Andate!» le dice cuando empieza a acercarse. Esta reacción muestra una repugnancia total hacia el animalillo callejero.

No obstante el rechazo inicial, las relaciones entre la mujer y la perra empiezan a cambiar. Aunque las relaciones entre la tía y sus hermanos son poco afectuosas, ella empieza a tratar a la perra con cariño. Introduce a la perra en la casa; a la hora del billar, ella se concentra más en acariciar a

Análisis

2. ¿Qué tal acierta el escritor en contestar sus preguntas? ¿Contesta todas?

_____
_____

3. ¿Cuál es la tesis que el escritor intenta justificar? ¿Se han considerado otros puntos de vista también?

_____
_____

4. ¿Se relaciona toda la información directamente con la idea principal? Si no, ¿qué parte(s) no viene(n) al caso?

_____
_____

5. ¿Hay partes en las cuales le gustaría a Ud. tener más información (explicación, ejemplos, detalles)?

_____
_____

6. ¿Se relacionan todas las citas con la tesis?

_____
_____

7. ¿Hay partes del texto en que de repente Ud. se encuentre «perdido/a»?

_____
_____

la perra que en ordenar las rondas del juego. Esto muestra obviamente que ya la tía se preocupa más por la perra que por el juego de la familia. Desde este momento, la perra parece empezar a ejercer una influencia importante en la tía.

Al principio, la perra se encuentra herida y mugrienta. Pero después de algún tiempo en la casa y con el cuidado de la tía Matilde, va sanando hasta convertirse en una «perra blanca decente». Además, la perra va ganando más y más terreno en la casa, lo cual pronto le preocupa al niño: «Algo, algo me acusaba su existencia bajo el mismo techo que yo».

Los cambios graduales en la perra se reflejan en una serie de cambios graduales en la apariencia y el comportamiento de la tía Matilde. Antes de la llegada de la perra, ella no solía salir afuera sino por excursiones muy breves. Pero después de la llegada de la perra, las salidas de Matilde se hacen más frecuentes y más largas hasta que un día sale y no vuelve hasta la madrugada. Además, empieza a maquillarse, algo que no solía hacer antes. El niño dice que su tía se ve más joven. Este comportamiento inspira una sospecha en el lector: ¿Por qué se maquilla Matilde al salir? ¿para pasear a la perra?

El hecho de que la tía salga por las noches y que tarde mucho en volver a su casa no significa nada por sí solo. Pero el texto insinúa otros motivos: que ella se dedica a la prostitución. La primera evidencia de esto es que una noche la tía llega muy tarde con el cabello desordenado y los zapatos embarrados (la perra llega embarrada también). Para el narrador, este desorden, antes totalmente anormal en la tía, sugiere que ella y la perra se mueven ahora en otro ambiente: «Pertenecían a los rumores, a los pitazos de los barcos que atravesando los muelles, calles oscuras o iluminadas, casas, fábricas y parques, llegaban a mis oídos». Esta descripción, en particular la referencia a los muelles y los barcos, también sugiere un ambiente de prostitución.

Otra posible interpretación es que Matilde sale a encontrarse con un hombre decente. Pero, ya que es absolutamente normal que a una mujer le gusten los hombres, ¿por qué esconde sus actividades? ¡Es más, sus hermanos la felicitarían por cualquier amistad

8. Haga rápidamente un bosquejo del texto en su totalidad. ¿Le indica lugares donde la organización del texto debe cambiarse?

_____

_____

9. ¿Presenta la tesis la introducción? ¿Le ayuda a recordar los acontecimientos importantes de la historia?

_____

_____

10. ¿Qué parte(s) del borrador le gusta(n) más?

_____

_____

11. ¿Le sirvió la conclusión como buen resumen de la información en el texto? ¿Le ayudó a comprender la importancia del tema para el escritor?

_____

_____

_____

que tuviera! Entonces, ¿cómo se puede explicar el que ella desaparezca por completo por horas sin avisar a sus hermanos? Otro punto que va en contra de la idea de que ella sale a conocer a hombres decentes es que sus hermanos no pueden dormir tranquilamente hasta que ella vuelva a casa. Lo malo de las actividades nocturnas de Matilde se sabe por los graves trastornos que sus salidas causan en sus hermanos. Por todas estas razones, se puede descartar la posibilidad de que las salidas de la tía Matilde sean decentes.

La perra es un elemento crítico para explicar las actividades de la tía Matilde. «Perra» es un vocablo vulgar que se aplica a una persona despreciable, indigna, como *bitch* en inglés. Hablando de la perra y la tía, el texto dice que «esas dos eran compañeras... » y que «eran sólo dos los seres unidos» en la casa. Como sabemos, la perra acompañaba a la tía a todas partes. Esto es un indicio de cómo la tía y la perra eran «compañeras». Al hablar de las dos, el texto a menudo no diferencia entre lo que hace la una y lo que hace la otra: «pertenecían», «iban», «eran» y otras formas similares. Pero creo que el significado de «compañera» es más profundo: las dos comparten los mismos hábitos callejeros. La tía ha llegado a parecerse a la perra perdida, que hace cualquier cosa sucia e inmoral por las calles.

Lo esencial del papel de la perra es que si no fuera por ésta, la tía Matilde no habría tenido motivo para salir a la calle. Si no hubiera tenido que pasear a la perra por las calles y los parques, no habría conocido las tentaciones del exterior, fuese la prostitución u otra cosa. Por lo tanto, la tía no habría cambiado de conducta ni tampoco se habría fugado de la casa familiar.

En resumen, el cambio que se nota en la perra después de ser introducida en la casa es similar al cambio ocurrido en la conducta de la tía Matilde. La perra gana más y más terreno en la casa; la tía sale más y se preocupa más por su apariencia (se maquilla más frecuentemente y se pone el sombrero cada vez que sale). Al final, la transformación es completa: las dos compañeras salen de paseo a la calle y allí se quedan: nunca jamás vuelven a la casa.

Ejercicios de lenguaje

REPASO DE ASPECTOS BASICOS

Las formas no personales del verbo (páginas 231–233 del libro de texto)

Las formas no personales de los verbos en español —llamados así ya que su terminación no indica la persona o agente que ejecuta la acción— incluyen el gerundio (**hablando, comiendo, viviendo**), el participio (**hablado, comido, vivido**) y el infinitivo (**hablar, comer, vivir**). Estas tres formas son un recurso importante para el escritor, pues le ofrecen alternativas para variar el estilo de su prosa. Repase brevemente los usos típicos de estas formas y luego practíquelos en los ejercicios que siguen.

El gerundio: El «adverbio verbal»

El gerundio puede funcionar como un adverbio: indica el cómo, el porqué y el cuándo de una acción. Se coloca antes del verbo principal en la oración.

> *Cómo:*   Trabajando toda la noche, podremos terminar a tiempo.
> *By working all night, we will be able to finish on time.*

> *Por qué:*   Siendo una persona inteligente, Ud. va a entender nuestro apuro.
> *Since you are an intelligent person, you will understand our predicament.*

> *Cuándo:*   Apeando a la mujer del carruaje, pudo notar el diseño sospechoso de su zapato.
> *While he helped the woman down from the carriage, he noted the suspicious design of her shoe.*

Note que el gerundio sólo puede usarse si el *cuándo* es un momento que coincide con la acción del verbo principal o que la precede.

Actividad.   Sustituya las frases en letra cursiva por una frase construida con el gerundio.

1. *Ya que son* de España, conocen muy bien las tradiciones de

 Semana Santa. _____

 _____

2. *Caminó de puntillas y así* salió desapercibido. _____

 _____

3. *Oyó el tumulto afuera y* fue a investigar lo que era. _____

 _____

4. *Machacan la mezcla una y otra vez y entonces* la convierten en un puré muy fino. _____

_____

5. *Si divides el total entre todos,* vamos a tener lo suficiente. _____

_____

El infinitivo: El «sustantivo verbal»

Uno de los usos más frecuentes del infinitivo es como complemento de preposición. La construcción **al** + *infinitivo* se utiliza:

1. para referirse a una acción que se completa inmediatamente antes de la acción del verbo principal.

Al abrir la puerta, se encontró cara a cara con su ex esposo.
Upon opening the door, she found herself face to face with her ex-husband.

Al entregar los últimos informes, salieron a celebrar.
Upon handing in the last reports, they went out to celebrate.

2. para referirse a una acción en progreso que coincide con la acción del verbo principal.

Laura siempre canta al bañarse.
Laura always sings while she bathes.

Sufro horrores al hablar en público.
I suffer horribly when I speak in public.

Note que tanto el gerundio como la construcción **al** + *infinitivo* se refieren a acciones que preceden o coinciden con la acción del verbo principal.

Actividad. Sustituya las frases en letra cursiva por una frase construida con **al** + *infinitivo*.

1. *Hicieron las pruebas científicas y luego* descubrieron que se había drogado. _____

_____

2. *Vamos a desarrollar la película y luego* podremos recordar el viaje más vivamente. _____

_____

3. Siempre se pone muy nervioso *cuando habla con un desconocido.*

_____

_____

4. *Ernesto llegó al cine e inmediatamente* se puso los lentes. _____

_____

5. La madre puede calmar al niño *mientras lo mece en la cuna.* _____

_____

El participio: El «adjetivo verbal»

El participio se refiere a una acción completada en algún momento antes de la acción del verbo principal. En su función adjetival concuerda en número y género con el sustantivo que modifica. Observe que en las siguientes construcciones el participio precede al sustantivo.

Completadas las tareas, los estudiantes volvieron a su casa.
With the assignments finished, the students returned to their homes.

Resuelto el problema, decidieron continuar el viaje.
With the problem solved, they decided to continue the trip.

Actividad A. La acción de la primera oración se ha completado en algún momento antes de la acción de la segunda. Usando el participio, haga una paráfrasis de la primera oración y luego combine las dos oraciones en una sola. ¡Cuidado! Puede ser necesario omitir algunas palabras al unir las dos oraciones.

MODELO: Ellos abrieron la ventana. Pudieron oír el ruido del desfile. →
Abierta la ventana, pudieron oír el ruido del desfile.

1. El jefe examinó los paquetes. El jefe firmó el recibo. _____

_____

2. Ellos tomaron la decisión. Ellos se sintieron muy aliviados. _____

_____

3. Las autoridades cerraron las facultades. No había lugar en donde

los estudiantes pudieran reunirse. _____

_____

4. Marta escribió el trabajo. Marta pudo concentrarse en su

presentación. _____

_____

5. Felipe y Diana se casaron hace más de siete años. Felipe y Diana

han tenido unas relaciones muy difíciles. _____

_____

Actividad B. Dé otra alternativa sintáctica —el participio, el gerundio, **al** + *infinitivo*— para expresar las frases en letra cursiva. En varios casos, existe más de una sola posibilidad. ¡Cuidado! Puede ser necesario cambiar el orden de las palabras.

1. *Si practicaras* más en el laboratorio, mejorarías la pronunciación.

_____

_____

2. *Hicieron las tareas y* decidieron descansar un ratito. _____

   _____

3. *Cuando se enteró de que lo estábamos esperando,* el director salió a

   saludarnos. _____

   _____

4. El muchacho se negó a subir al bote *ya que no sabía nadar.* _____

   _____

5. *Después de lavar* la ropa, las mujeres la tendieron al sol. _____

   _____

REPASO DE ASPECTOS GRAMATICALES

El uso del gerundio (páginas 233–234 del libro de texto)

El uso verbal del gerundio

Actividad A.   Exprese en español los verbos que aparecen en letra cursiva en las oraciones a continuación. ¡Ojo! No siempre es posible usar un tiempo progresivo.

1. _____ cuando nos llamó el director.
   (*We had been reading*)

2. Aunque nadie le escuchaba, _____.
   (*she continued singing*)

3. _____ por la calle.
   (*They came running*)

4. No le pude hablar porque _____ a alguien.
   (*he was interviewing*)

5. Paquita _____ cuando la llamó su tía abuela.
   (*was sewing*)

6. La última vez que lo vi, _____ su disco nuevo.
   (*he was listening to*)

7. _____ tomates cuando empezó la tormenta.
   (*We were planting*)

8. _____ enfrente de su casa desde la mañana.
   (*He has been walking*)

9. Seguramente _____ por México.
   (*they will be traveling*)

10. _____ este viaje desde hace tiempo.
    (*We had been planning*)

Actividad B. Determine cuáles de las siguientes oraciones se pueden expresar en español usando un tiempo progresivo y cuáles no. Explique por qué.

1. My neighbors are having a party tonight. _____

   _____

2. Martha was studying in the library when I saw her last. _____

   _____

3. The woman was reclining on the sofa. _____

   _____

4. She's sending them a tray for their anniversary. _____

   _____

5. I've been cleaning the house since 9 A.M. _____

   _____

6. We're leaving for Europe next month. _____

   _____

7. The children are setting the table. _____

   _____

8. Many people are standing in front of the theater. _____

   _____

9. My grandparents were working in the garden when they got the news. _____

   _____

10. I'm going to the meat market to buy some chicken. _____

   _____

Actividad C. Exprese en español los verbos que aparecen en letra cursiva en el siguiente pasaje. ¡Cuidado! No siempre es posible usar un tiempo progresivo.

Era tarde. _____.[1] Mi madre
 (It was raining)

_____[2] en el sofá grande.
 (was sitting)

_____[3] un libro de misterio. Mi abuela
 (She was reading)

_____[4] un suéter de color oscuro. Beatriz y yo
 (continued to knit)

_____[5] barajas hasta que dieron las ocho. En eso
 (had been playing)

oímos un ruido fuerte y luego un grito angustioso. Abrimos la ventana

y vimos que _____[6] dos muchachos.
　　　　　　　　　(*were coming closer:* acercarse)

Uno de ellos _____[7] un paquete enorme.
　　　　　　　　　(*was [coming toward us] carrying*)

El otro parecía cansado. Cuando tocaron a la puerta, mi abuela ya se

había levantado de su silla y _____[8] a llamar a la
policía.　　　　　　　　　　　　　　　(*she was beginning*)

Actividad D.　Exprese las siguientes oraciones en español. Preste atención especial al contexto antes de determinar si se requiere el gerundio u
otra forma.

1. The children continued playing even after it started to rain. _____

_____

2. Dad wrote to tell us when he would be arriving. _____

_____

3. My neighbor's son has been practicing basketball all summer. _____

_____

4. The conductor was already standing in front of the orchestra when

the lights went out. _____

_____

5. On the night before an exam, the professors hope that the students

are studying and not out drinking. _____

_____

6. The last time I saw Mr. Vigil, he was reclining very comfortably in

a hammock in the yard. _____

_____

7. If I know Dolores, she will be writing her paper long after

midnight. _____

_____

El uso adverbial del gerundio

Actividad.　Exprese las siguientes oraciones en español, usando el
gerundio.

1. I spent the day thinking of you. _____

_____

2. By collecting all the money himself, Billy saved a lot of time. _____

_____

3. Waiting for his train, she realized how much she had missed him.

_____

_____

4. Seeing that we didn't want to enter the office, he came out to talk

to us. _____

_____

5. Since I was feeling ill, I refused to go the concert. _____

6. While she was bringing the wine, she fell. _____

_____

7. Not earning much, we had to borrow some money from our

parents. _____

_____

8. The old man spent the winter cutting down trees. _____

_____

9. Seeing how beautiful the table was, he decided to buy it. _____

_____

10. Last night after the game they went all over the city singing and

shouting. _____

_____

Usos inapropiados del gerundio

Actividad. Exprese en español las oraciones a continuación, prestando atención a la terminación *-ing* en cada caso. Determine si se debe usar el gerundio en español.

1. She gave me some pretty writing paper for my birthday. _____

_____

2. Eating a lot without exercising will make you gain weight

(**aumentar de peso**). _____

_____

3. We're taking singing lessons this semester. _____

_____

4. They said they saw a flying saucer (**platillo volador**) last night.

_____

_____

5. The man standing in front of the store is collecting aluminum cans (**latas**). _____

   _____

6. Good reading skills (**destrezas**) are essential to success in school.

   _____

   _____

7. The box containing his toys is in the basement (**sótano**). _____

   _____

8. My roommate kept studying after I went to bed. _____

   _____

9. They're going to buy their wedding rings. _____

   _____

10. The apartment didn't have running water or electricity. _____

    _____

CORRECCION DE PRUEBAS: FORMAS

Actividad A.   Revise y corrija el siguiente pasaje, prestando atención especial a los usos del gerundio.

Bailando es lo más importante en la vida de Peter Martins. Recientemente ha estado teniendo que decidir entre bailando y dirigiendo una de las compañías de baile más célebres de los Estados Unidos: el Cuerpo de Ballet de la ciudad de Nueva York.

Hace poco, el reportero de una revista semanal entrevistó a Martins y supo que había elegido dirigiendo en vez de bailando. Martins dijo que su meta siempre había sido dirigiendo un cuerpo de ballet. Ahora que tiene esta oportunidad, ni siquiera bailando lo distraerá de dirigiendo. Habiendo hecho su decisión, Martins bailará por última vez en noviembre. Quiere terminar su carrera de bailarín como la empezó: bailando *El cascanueces*.

Actividad B. Revise y corrija el siguiente párrafo, prestando atención especial a los usos del indicativo y del subjuntivo.

Es posible que nunca se saben las causas del éxito artístico. Hay muchas opiniones al respecto, pero nadie dice que el talento sea lo más importante. La realidad es que el éxito generalmente se debe a una serie de coincidencias, aunque muchos artistas se nieguen a admitirlo. Con frecuencia, cuando un joven busca la fama, se dirige a Hollywood o a Nueva York. Antes de que triunfa, sin embargo, tendrá que pasar hambre y sufrimiento, ya que allí descubre que su talento, que parecía extraordinario en su pueblo, no es sino mediocre en la gran ciudad. A menos que tiene personas conocidas o amigos que lo ayudan, no llegará muy lejos. Y lo triste es que cuando por fin logra destacarse, muchas veces no volverá a dar la mano a otros.

Aplique estas mismas técnicas a la revisión del borrador de su propio escrito.

REPASO DE VOCABULARIO UTIL: LAS TRANSICIONES; RESUMIENDO Y COMENTANDO LA ACCION DE UNA OBRA

I. El vocabulario para marcar las transiciones

VOCABULARIO PARA MARCAR LAS TRANSICIONES	
a su vez, por su parte	por ejemplo
así, de ese modo	por eso
aún, todavía	por lo general, generalmente
aunque, si bien	por suerte, por fortuna, afortunadamente
cada vez más (menos) + *adjetivo*	
en buena medida, en gran parte	primero... , segundo...
para empezar (terminar)	quizás, a lo mejor
pero	sino (que)
por ahora, por el momento	también/tampoco
por desgracia, desgraciadamente, desafortunadamente	una... , otra
	ya que, puesto que

Actividad.   ¿Qué palabra o frase de la segunda columna es sinónimo de la palabra o frase en letra cursiva de la primera columna?

1. _____ El presidente, *por su parte*, nunca entendió que su vida estaba en peligro.

   a. ya que
   b. a lo mejor

2. _____ *En buena medida*, todos estos problemas se deben a los efectos climáticos de «El Niño».

   c. desafortunadamente
   d. a su vez
   e. para terminar

3. _____ *Quizás*, después de esta conferencia, será más fácil encontrar una solución.

   f. por suerte
   g. en gran parte

4. _____ *En conclusión*, hay cuatro puntos clave.

5. _____ *Por desgracia*, esa noche no había médico bilingüe.

II. El vocabulario para comentar un texto argumentativo

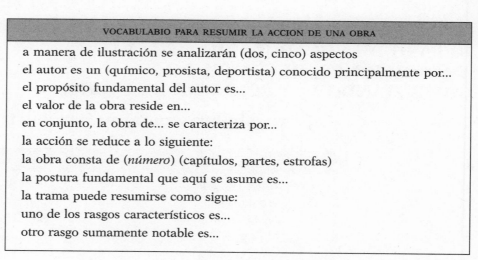

VOCABULABIO PARA RESUMIR LA ACCION DE UNA OBRA
a manera de ilustración se analizarán (dos, cinco) aspectos
el autor es un (químico, prosista, deportista) conocido principalmente por...
el propósito fundamental del autor es...
el valor de la obra reside en...
en conjunto, la obra de... se caracteriza por...
la acción se reduce a lo siguiente:
la obra consta de (*número*) (capítulos, partes, estrofas)
la postura fundamental que aquí se asume es...
la trama puede resumirse como sigue:
uno de los rasgos característicos es...
otro rasgo sumamente notable es...

VOCABULARIO PARA COMENTAR	
estribar en, radicar en	Las dificultades críticas estriban en la estructura del poema.
hacer hincapié (en), hacer resaltar, rayar, recalcar, subrayar	Los símbolos hacen resaltar la futilidad de las acciones.
advertir, apuntar, señalar, indicar	El fracaso de sus relaciones con su hijo señala un problema más agudo.
vincular (con), relacionarse (con)	Estas características están vinculadas con el abandono que experimentó durante su niñez.
suscitar, provocar	El carácter del protagonista suscita enormes dificultades para el lector.
poner en duda	La repetición de estos elementos ponen en duda su interpretación.
rechazar, descartar, invalidar	Es necesario descartar esos argumentos: no concuerdan con la evidencia.
abarcar, incorporar, incluir	Las nuevas teorías abarcan mucho más evidencia que las antiguas.

Actividad. ¿Qué palabra o frase de la segunda columna es sinónimo de la palabra o frase en letra cursiva de la primera columna?

1. _____ Estas características del protagonista *están relacionadas* con su larga lucha contra el gobierno.
2. _____ Las acciones del protagonista *señalan* su rechazo de las autoridades.
3. _____ El tono de la obra *recalca* la futilidad de la lucha.
4. _____ La interpretación tradicional no *incluye* todas las posibilidades.
5. _____ Con esta nueva información, es posible *invalidar* su teoría.

a. hacer resaltar
b. provocar
c. descartar
d. advertir
e. vincular
f. abarcar
g. suscitar

CORRECCION DE PRUEBAS: EL LENGUAJE Y LA EXPRESION

Actividad. Revise y corrija el pasaje a continuación, basado en el cuento «Instrucciones para John Howell» del escritor argentino Julio Cortázar. Preste atención especial a los usos del subjuntivo, a la selección de **ser** y **estar,** al uso de los pronombres relativos y a los usos de las formas no personales del verbo. Subraye lo que se debe cambiar y utilice el espacio a la derecha para escribir las correcciones.

Texto: El teatro: Un escenario natural para una drama absurda

Cambios sugeridos

En el cuento «Instrucciones para John Howell», todo el mundo es raro; nada es normal. Ninguno de los personajes o acciones es lo que se espera. Porque de eso, la historia del cuento tiene que ocurrir en un teatro, que «no es más que un pacto con el absurdo».

En el público, a nadie le gusta el primer acto de la obra; el personal decide introducir a un miembro del concurso para representar el papel de John Howell, protagonista de la obra teatral. El hombre alto, el hombre vestido de gris y el otro hombre obligan a Rice, un hombre desconocido, a actuar. Pensando que una persona «real» puede representar a John Howell mejor que un actor, los tramoyistas escogen a una persona que no está actor para actuar. Nadie le pregunta a Rice si él quiere participar en la obra; simplemente le explican el trama y lo empujan al escenario. Entre actos, le dan güisqui, cual es curioso porque deben saber que el alcohol le va afectar durante el resto de la drama.

Toda la drama es absurda. En el segundo acto, Eva está hablando sobre nada en particular: explica sus preferencias, su dolor de cabeza y otras cosas. Nada de que ella dice se relaciona con la historia excepto la frase «No dejes que me maten». Es extraño teniendo solamente una frase importante en toda una escena. En el resto de la escena, las acciones de los otros actores no nos revelan nada para explicar el cuchicheo de Eva.

La tercera escena está aún más absurdo que el segundo. Al fin de la escena, Rice es ya medio borracho, y está confundiendo la realidad con la ficción. Trata de salvarle la vida a Eva. Desafortunadamente, esto les pone furioso a los tramoyistas quienes deciden sacar a Rice de la drama. Esta acción es increíble —es obvio que el público va a

notar que hay un actor nuevo haciendo el papel de John Howell— pero al mismo tiempo apoya la postura presentada anteriormente: el teatro es el lugar perfecto para una historia absurda.

El ambiente de un teatro es completamente absurdo y es por eso que la obra «Instrucciones para John Howell» tiene que presentarse en un teatro. Es el único lugar en donde los individuos pueden decir y hacer cosas anormales y el resto del mundo lo acepta. En un teatro se puede hacer cualquier cosa sin causando un escándalo.

Appendix A

La correspondencia

Whether for business or for social reasons, letters in most languages follow a fairly set pattern and involve specialized and formulaic language that typically is not found in any other written discourse. There are many books available on correspondence in Spanish (a brief bibliography is provided at the end of this appendix), and the interested reader is encouraged to consult one for more in-depth coverage of this topic and to review sample letters of various kinds. Following is a brief overview.

The business letter (*La carta comercial*)

- As in English, most business letters are prepared on stationery that has a printed letterhead (**el membrete**) whose heading (**el encabezamiento**) includes the name and address of the writer.

- This is followed by the date (**la fecha**), which is usually typed on the right-hand side of the page. Remember that the traditional way to express the date in Spanish is day first: **4 de agosto de 1998.** The name of the month is spelled out and is not capitalized.

- Next comes the inside address (that is, the name, title, and address of the addressee) (**el destinatario y la dirección**).

  In Spanish, one frequently uses **don** (abbreviated **D.**) and **doña** (**Da.**) in addition to any other title: **Sr. D. Jorge Carrasco, Sra. Da. Amalia Gutiérrez de Carrasco.** If the letter is addressed to a business and you do not know the name of the addressee, you can use a general form of address such as **Sr. Administrador** or **Sra. Directora.** Here is a list of common abbreviations.

D.	don	Sr./Sres.	señor/señores
Da.	doña	Sra./Sras.	señora/señoras
Dr.	doctor	Srta./Srtas.	señorita/señoritas
Dra.	doctora		

Street addresses in Spanish start with the name of the street, followed by a comma and then the building number; this can be followed by the floor on which the business is located.

Marqués de Villamagna, 4   Anaya, 23-5° (or Anaya, 23/5)

This is followed by the city name, the postal zone number (in some countries, this precedes the city name), and the state or province. If the correspondence is mailed from within the same country, it is not necessary to mention the country.

28001 Madrid, España   Medellín 2, Colombia

- Next is the greeting (**el saludo**), which is always followed by a colon. Here are some common business greetings.

(Muy) Estimado señor	(Muy) Distinguidos señores
(*last name*)	(*last names*)
(Muy) Apreciada señora	
(*last name*)	

Note that **estimado, apreciado,** and **distinguido** are adjectives, and must change to reflect the number and gender of the individuals addressed. The Spanish equivalent of *To Whom It May Concern* is **A quien corresponda.**

- The greeting is followed by the body (**el cuerpo**) of the letter. Letters in Spanish tend to sound slightly more formal—even flowery—than their English counterparts. Some of the traditional phrasing might include the following.

In letters of recommendation:

Por la presente hacemos constar que...	*This letter certifies that . . .*

To respond to correspondence:

Acuso recibo de su atenta del 2 del actual (del corriente)...	*I have received your letter dated the 2nd of this month . . .*
Correspondiendo a su atenta del 2 del pasado...	*In response to your letter of the 2nd of last month . . .*
Acabo de recibir su grata del 19 de mayo...	*I have just received your letter dated May 19th . . .*

To mention that there is an attachment (or attachments):

Adjunto...	*Attached please find . . .*

To inform someone of something:

Tengo (Tenemos) el gusto de participar (avisar, comunicar) a Ud. que...	*I am (We are) pleased to let you know (inform you) that . . .*
remitir a Ud....	*to send you . . .*
Siento (Sentimos) mucho tener que comunicarle (informar a Ud.) que...	*I (We) regret to have to tell you that . . .*

To request a prompt reply:

Sírvanse contestarme(nos) tan pronto como sea posible (a la mayor brevedad posible).	*I (We) would appreciate a reply as soon as possible.*

- The letter ends with a closing (**la despedida**) such as one of the following.

Muy atentamente lo/la saluda	*Sincerely yours*

En espera de sus gratas noticias, quedo de Uds. atentamente	*I hope to receive a prompt reply, yours truly*
Respetuosamente, su S.S. [seguro servidor]	*Yours faithfully*
Quedo (Quedamos) de Ud., su(s) S.S.	*Yours faithfully*

- The closing is followed by the signature (**la firma**), underneath which appears the typed name and title of the individual writing the letter.

  Instead of *P.S.* (*post-scriptum*), Spanish uses **P.D.** (**posdata**). If you wish, you can include any enclosures (**anexos**) after this.

The personal letter (*La carta social*)

- The format and style of the personal letter is considerably more flexible than that of the business letter. You probably won't use letterhead, but for that reason you may include a heading with your address as the writer either centered on the page or at the top left-hand side.

- The date often includes the city (particularly if there is no letterhead) as well as the day, month, and year: **Seattle, 8 de septiembre de 1999.**

  In a personal letter you can abbreviate the date if you like, but remember to keep the day before the month: **8/9/99** or **8/IX/99.**

- The inside address comes next and follows the same general format as in the business letter.

- The greeting is less formal, but it will still be followed by a colon rather than a comma. Following are some common greeting options for personal letters.

(Muy) Querido (*first name*)	Queridísimo (*first name*)
Mi vida (Mi cielo)	Adorada mamá

  Mi vida / Mi cielo are terms of endearment like *Darling* and *Sweetheart*. Remember that **querido** is an adjective here, and must agree in both number and gender with the individual being referred to: **Queridas Laura y Lisa.**

- The body comes next. As mentioned earlier, you won't need to be as formal as in the business letter. In other words, your written language can be more like your spoken language. Still, personal letters in Spanish do tend to be a bit more formal and courteous than in English. Be sure to look at some of the model letters in the reference books on this topic.

- The closing, which, like in English, is followed by a comma, marks the end of the letter. Some of the most frequently used phrases include the following.

Abrazos	Recibe un fuerte abrazo (saludo afectuoso) de

Con (mucho) cariño   Cariñosamente
                                  (Afectuosamente)
Saludos a todos

Con muchos recuerdos

BIBLIOGRAFIA SELECTA

Canteli Dominicis, María and John J. Reynolds. *Repase y escriba: Curso avanzado de gramática y composición.* (New York: John Wiley & Sons, 1987)

Casagrande, Humberto. *Manual práctico de correspondencia privada y comercial.* (Barcelona: Editorial de Vecchi, 1973)

Fernández de la Torriente, Gastón. *Cómo escribir correctamente.* (Madrid: Editorial Playor, 1987)

Gorman, Michael and María Luisa Henson. *Spanish Business Correspondence.* (New York: Routledge, 1997)

Harvard, Joseph and I. F. Ariza. *Bilingual Guide to Business and Professional Correspondence.* (Oxford: Pergamon Press, 1984)

Jackson, Mary H. *Guía de correspondencia española*: *A practical guide to social and commercial correspondence.* 2nd edition, revised. (Skokie, IL: National Textbook Co., 1989)

Paine, Michael. *Harrap's Spanish Commercial Correspondence.* (New York: Macmillan, 1994)

Appendix B
Notes About Peer Editing

The responsibility of a peer editor is to respond honestly and accurately to a classmate's writing. The task is extremely important because your reactions help provide the writer with a sense of how well he or she has anticipated the needs of the reader. Your reactions help stimulate the re-thinking and reviewing that the writer needs to do in order to improve his or her writing. At first you may feel uncomfortable in this role: How can you make suggestions without hurting someone's feelings? How can *you* suggest changes when you are still learning, too? Here are some suggestions that may help.

1. *Be honest; be sensitive.*

   In order to improve, the writer needs to know what worked and what did not work. Your honest, "gut-level" reaction to the text—what you found interesting, what you didn't understand, what you needed more information about—is precisely the feedback that the writer needs.

   Honest, critical feedback is helpful. On the other hand, don't forget what it feels like to be on the receiving end. As you make suggestions, keep in mind that the writer was also honestly working to communicate an idea or feeling that he or she found important. Try to avoid using judgmental language in your review. Be constructive (rather than destructive), and emphasize the positive whenever possible.

2. *Be systematic.*

   Use a checklist—a sample is given on the following page—to guide and organize your remarks.

   Always start with an attempt to grasp the sense of the composition as a whole. Read the text quickly all the way through, keeping in mind the notions of purpose and reader. Can you identify the focus of the text? What is the text's thesis? If you as a reader can't answer these global questions—or if *your* interpretation of the main idea differs from what the writer intended—feedback on other aspects of the text is really premature. That is, you should not spend time pointing out ways for the writer to "fix" the vocabulary in a particular paragraph if more basic changes in the composition are really necessary, such as eliminating the paragraph altogether or rethinking its point.

   Once you have a sense of the composition's general focus, reread it using your checklist to respond in more detail to content, organization, and language.

3. *Be specific.*

   As you probably know from your own experience, very general language—"confusing," "good," "use another example"—is not particularly helpful. Try to be more specific: How is the sentence confusing? What do you consider good about the text? Why should another example be used? What kind should it be?

The success of peer editing is based on recognizing that writing and reading go together, that writers and readers need to trust and listen to one another. Developing skill as a careful and critical reader is one of the most important steps toward becoming an effective writer.

PEER REVIEW CHECKLIST[1]
I. First impressions
a. What did you like best about this composition?
b. What is the purpose?
c. What is the thesis?
II. More detail: Are there places where . . .
a. you want more information?
b. the writer should add more detail?
c. information is irrelevant to the thesis or purpose?
d. supporting detail is
. . . repetitive?
. . . uninteresting?
. . . unconvincing?
. . . particularly well chosen?
e. the organization of the text is unclear?
f. the language or tone is inappropriate for the purpose and audience?
g. the language is
. . . incorrect?
. . . difficult to understand?
. . . ambiguous or confusing?
. . . repetitive?
. . . memorable or especially interesting?
III. Summing up
a. Does this text achieve its purpose?
b. What do you think needs the most revision?
c. What suggestions do you have?

[1]This checklist is all-purpose; in the **actividades con grupos de consulta** sections of the main text there are specific checklists for each of the kinds of writing that you practiced: one for description, one for narration, one for exposition, and so forth. In this way you can be sure to focus on the effectiveness of the imagery in description/narration, but on the persuasiveness of the supporting detail in an argumentative essay.

Plan de revisión: La descripción. Trabajando con sus compañeros, completen este plan de revisión para la descripción, siguiendo los pasos que se dan en el libro de texto (páginas 20–27).

PLAN DE REVISION: LA DESCRIPCION [*NOMBRE DEL TEXTO*]
1. Comentarios positivos sobre el texto: _____   _____   _____   _____   _____   2. La idea principal del texto: _____   _____   Los lectores quieren saber lo siguiente con respecto a este tema: _____   _____   _____   _____   3. Detalles que necesitan agregarse, reorganizarse o cambiarse: _____   _____   _____   _____   _____   _____   4. Otros cambios que se recomiendan: _____   _____   _____   _____   _____   _____   _____

Plan de revisión: La narración.   Trabajando con sus compañeros, completen este plan de revisión para la narración, siguiendo los pasos que se dan en el libro de texto (páginas 54–56).

PLAN DE REVISION: LA NARRACION [*NOMBRE DEL TEXTO*]

1. Comentarios positivos sobre el texto:

   _____

   _____

   _____

   _____

   _____

   _____

2. La idea principal del texto: _____

   Los lectores quieren saber lo siguiente con respecto a este tema:

   _____

   _____

   _____

   _____

   _____

   _____

3. Detalles que necesitan agregarse, reorganizarse o cambiarse:

   _____

   _____

   _____

   _____

   _____

4. Otros cambios que se recomiendan:

   _____

   _____

   _____

   _____

   _____

Plan de revisión: La exposición (Parte 1). Trabajando con sus compañeros, completen este plan de revisión para la exposición, siguiendo los pasos que se dan en el libro de texto (páginas 94–96).

PLAN DE REVISION: LA EXPOSICION [*NOMBRE DEL TEXTO*]

1. Comentarios positivos sobre el texto:

   _____

   _____

   _____

   _____

   _____

   _____

2. La idea principal del texto: _____

   Los lectores quieren saber lo siguiente con respecto a este tema:

   _____

   _____

   _____

   _____

   _____

3. Detalles que necesitan agregarse, reorganizarse o cambiarse:

   _____

   _____

   _____

   _____

   _____

4. Otros cambios que se recomiendan:

   _____

   _____

   _____

   _____

   _____

Plan de revisión: La exposición (Parte 2). Trabajando con sus compañeros, completen este plan de revisión para la exposición, siguiendo los pasos que se dan en el libro de texto (páginas 133–135).

PLAN DE REVISION: LA EXPOSICION [*NOMBRE DEL TEXTO*]

1. Comentarios positivos sobre el texto:

   _____

   _____

   _____

   _____

   _____

   _____

2. La idea principal del texto: _____

   Los lectores quieren saber lo siguiente con respecto a este tema:

   _____

   _____

   _____

   _____

   _____

3. Detalles que necesitan agregarse, reorganizarse o cambiarse:

   _____

   _____

   _____

   _____

   _____

4. Otros cambios que se recomiendan:

   _____

   _____

   _____

   _____

   _____

   _____

Plan de revisión: La argumentación (Parte 1). Trabajando con sus compañeros, completen este plan de revisión para la argumentación, siguiendo los pasos que se dan en el libro de texto (páginas 173–177).

PLAN DE REVISION: LA ARGUMENTACION [*NOMBRE DEL TEXTO*]

1. Comentarios positivos sobre el ensayo:

   _____

   _____

   _____

   _____

   _____

   _____

2. La idea principal del ensayo: _____

   Los lectores quieren saber lo siguiente con respecto a este tema:

   _____

   _____

   _____

   _____

   _____

   _____

3. Detalles que necesitan agregarse, reorganizarse o cambiarse:

   _____

   _____

   _____

   _____

   _____

   _____

4. Otros cambios que se recomiendan:

   _____

   _____

   _____

   _____

   _____

   _____

Plan de revisión: La argumentación (Parte 2). Trabajando con sus compañeros, completen este plan de revisión para la argumentación, siguiendo los pasos que se dan en el libro de texto (páginas 226–229).

PLAN DE REVISION: LA ARGUMENTACION [*NOMBRE DEL TEXTO*]

1. Comentarios positivos sobre el ensayo:

   _____

   _____

   _____

   _____

   _____

2. La idea principal del texto: _____

   Los lectores quieren saber lo siguiente con respecto a este tema:

   _____

   _____

   _____

   _____

   _____

3. Detalles que necesitan agregarse, reorganizarse o cambiarse:

   _____

   _____

   _____

   _____

   _____

4. Otros cambios que se recomiendan:

   _____

   _____

   _____

   _____

   _____

Appendix C

Writing Conventions

En el **Capítulo 3** se indica que, para escribir en español en los Estados Unidos, hay que combinar las reglas del español con las del inglés. De hecho, se observan las reglas del español con respecto a la división de las palabras en sílabas y el uso de las mayúsculas, y se siguen las reglas del inglés con respecto a la puntuación y la documentación bibliográfica. En el **Apéndice D** se habla de la puntuación y la documentación. A continuación se resumen las reglas relacionadas con la división de las palabras en sílabas y el uso de las mayúsculas.

El silabeo

En español, la división de palabras en sílabas ha de seguir las siguientes normas.

1. En cuanto sea posible, cada sílaba debe terminar en una vocal.

   ci-vi-li-za-do   ca-ra-co-les   so-ñar   ca-sa-do

2. Dos vocales juntas forman dos sílabas separadas a menos que una de las vocales sea una **i** o **u** no acentuada.

   fe-o   bue-no   ac-tú-e   des-pués

   pre-o-cu-pa-do   ne-ce-sa-rio   rí-o   a-vión

3. Por lo general, dos consonantes juntas deben separarse.

   en-fer-mo   ban-de-ra   doc-to-ra   ac-ci-den-te   in-na-to

   - Excepción: la Real Academia de la Lengua Española ha dejado de tratar las combinaciones **ch, ll** y **rr** como letras simples (es decir, ya no tienen distintas secciones en los diccionarios); sin embargo, estas combinaciones *nunca* se dividen.

   mu-cha-cha   pas-ti-lla   a-rroz   ca-rri-llo

   - Excepción: las consonantes **l** y **r** nunca se separan de cualquier consonante que las preceda a menos que sea una **s**.

   pú-bli-co   a-trás   is-la

   si-glo   a-le-gre   Is-ra-el

4. Las combinaciones de tres o cuatro consonantes se dividen según las reglas anteriores. La **s** va con la sílaba precedente.

   es-truc-tu-ra   con-ver-tir   ex-tra-ño   abs-trac-to

   in-com-ple-to   cons-tan-te   es-tre-lla   ins-truc-ción

Las mayúsculas

1. Las letras mayúsculas se utilizan en español en

   • todos los sustantivos o adjetivos que componen un nombre propio.

   Escuela Nacional Preparatoria, Comisión Permanente de la Asociación de Academias de la Lengua Española

   Note que no se han escrito con mayúscula ni los artículos ni las preposiciones.

   • la primera palabra de un título.

   El coronel no tiene quien le escriba, Historia general de la literatura española e hispanoamericana

   • las palabras que designan a Dios o a la Virgen María.

   Dios Padre, Señor Jesucristo, la Virgen del Sagrado Corazón, Él, Ella

   • títulos de dignidad o autoridad.

   Su Excelencia, Su Santidad, Vuestra Merced

2. Las letras mayúsculas se usan menos en español que en inglés. En español, por ejemplo, no llevan mayúscula

   • los adjetivos que se derivan de nombres propios.

   mexicano, cubano, irlandés

   • los días de la semana.

   lunes, martes, sábado

   • los nombres de los meses.

   diciembre, enero, julio

   • los títulos comunes, a menos que estén abreviados.

   el señor López y su señora, la doctora Cabrillo, don Aurelio y doña Violeta

   el Sr. López, los Sres. López, la Dra. Cabrillo

Appendix D

La documentación bibliográfica

Al escribir, el autor de un trabajo puede utilizar sus propias palabras para explicar un dato o para reflejar el juicio de un experto, o puede también citar las palabras textuales de la obra y de los críticos sobre la materia. Con los datos y las citas se incluye la documentación pertinente a cada una. Recuerde que, cuando se escribe en español en los Estados Unidos, se suelen observar las mismas reglas relacionadas con la puntuación y la documentación que se utilizan para los textos escritos en inglés.

Documentar un trabajo quiere decir incluir en él notas que indiquen exactamente de dónde se tomaron los datos y las citas que forman parte del escrito. Un trabajo documentado contiene notas y una bibliografía.

Para saber cómo poner los signos de puntuación en las frases y las citas, para determinar cómo y cuándo indicar la fuente de información citada, vale la pena consultar un buen manual de estilo. Hay varios estilos establecidos, ya reconocidos, que se utilizan al documentar un trabajo. La utilización de uno u otro estilo depende principalmente de la materia sobre la cual se escribe. Un trabajo en literatura, por ejemplo, suele documentarse usando el formato establecido por la Modern Language Association en su manual *MLA Handbook*. Para un trabajo en ciencias sociales, con frecuencia se utiliza el estilo establecido por la American Psychological Association en su manual *Publication Manual of the American Psychological Association*. A continuación se da una lista de manuales de estilo, así como una lista de fuentes de información sobre bibliografía española.

OBRAS DE UTILIDAD

Manuales sobre estilo

A Manual of Style. 14th edition, revised. Chicago: University of Chicago Press, 1993.

Garibaldi, Joseph. *MLA Handbook for Writers of Research Papers*. 4th edition. New York: Modern Language Association, 1995.

Achtert, Walter S. *The MLA Style Manual*. New York: Modern Language Association, 1985.

Publication Manual of the American Psychological Association. 4th edition, revised. Washington, D.C.: American Psychological Association, 1994.

Turabian, Kate, John Grossman, and Alice Bennett. *A Manual for Writers of Term Papers, Theses, and Dissertations.* 6th edition, revised. Chicago: University of Chicago Press, 1996.

Fuentes de información sobre temas generales que se relacionan con el mundo hispanohablante

Bibliographic Guide to Latin American Studies. Boston: G. K. Hall & Co., 1978–. Bibliografía anual de las publicaciones incluidas en la colección latinoamericana de la Universidad de Texas en Austin, con un suplemento de las publicaciones catalogadas por la Biblioteca del Congreso (*Library of Congress*).

Graham, Ann Hartness and Richard D. Woods. *Latin America in English-language Reference Books.* New York: Special Libraries Association, 1981. Lista de libros de referencia en inglés sobre Latinoamérica. Incluye básicamente ciencias sociales y humanidades.

Gran Enciclopedia Rialp. Madrid: Ediciones Rialp, S.A., 1971–76. 24 volúmenes.
Buena enciclopedia general parecida a la *Enciclopedia Americana.*

Handbook of Latin American Studies: Humanities. Austin: University of Texas Press, 1936–.
Guía selecta de publicaciones recientes en humanidades.

Handbook of Latin American Studies: Social Sciences. Austin: University of Texas Press, 1936–.
Guía selecta de publicaciones recientes en ciencias sociales.

HAPI (Hispanic American Periodicals Index). Los Angeles: Latin American Center, UCLA, 1975–.
Lista de artículos, reseñas, documentos y obras literarias originales organizados por tema y por autor. Incluye la producción de revistas latinoamericanas y de revistas publicadas en otros países sobre temas latinoamericanos.

Wilgus, A. Curtis. *Latin America, Spain and Portugal: A Selected and Annotated Bibliographic Guide to Books Published in the United States, 1954–1974.* Metuchen, NJ: Scarecrow Press, 1977.

Fuentes de información sobre lengua y literatura hispanas

Bleznick, Donald W. *A Sourcebook for Hispanic Literature and Language: A Selected Annotated Guide to Spanish, Spanish-American and U.S. Hispanic Bibliography.* 3rd edition. Metuchen, NJ: Scarecrow Press, 1995.

Foster, David William and Virginia Ramos Foster. *Manual of Hispanic Bibliography.* 2nd edition, revised and enlarged. Garland Reference Library of the Humanities, 851. New York: Garland, 1977.

Herdeck, Donald E., ed. *Caribbean Writers, A Bio-bibliographical Critical Encyclopedia.* Washington, D.C.: Three Continents Press, Inc., 1979.

OBRAS DE UTILIDAD *(continued)*

Jauralde Pou, Pablo. *Manual de investigación literaria (guía bibliográfica para el estudio de la literatura española)*. Biblioteca Románica Hispánica, Manuales 48. Madrid: Gredos, 1981.

MLA International Bibliography. New York: Modern Language Association of America, 1936–.
Contiene una lista de libros y artículos sobre lenguas modernas en las ramas de literatura, folclore y lingüística.

Sainz de Robles, Federico Carlos. *Ensayo de un diccionario de la literatura*. Madrid: Aguilar, 1964–72.
Obra de tres volúmenes sobre aspectos de la literatura en general y sobre aspectos específicos de la literatura peninsular.

Simón Díaz, José. *Bibliografía de la literatura hispánica*. 3rd edition, revised and updated. 16 vols. to date. Madrid: CSIC, 1983.

_____. *Manual de bibliografía de la literatura española*. 3rd edition, reorganized, revised and enlarged. Biblioteca Románica Hispánica, Manuales 47. Madrid: Gredos, 1980.

Teschner, Richard, Garland Bills, and Jerry Craddock. *Spanish and English of United States Hispanos: A Critical, Annotated, Linguistic Bibliography*. Arlington, VA: Center for Applied Linguistics, 1975.
Bibliografía anotada del español e inglés utilizados por grupos hispanos en los Estados Unidos.

Woodbridge, Hensley C., and Elline Long. *Guide to Reference Works for the Study of the Spanish Language and Literature and Spanish-American Literature*. 2nd edition. New York: Modern Language Association, 1997.

Woodbridge, Hensley C. *Spanish and Spanish-American Literature: An Annotated Guide to Selected Bibliographies*. New York: Modern Language Association, 1983.

Diferencias entre los formatos de documentación

Las nuevas ediciones del *MLA Handbook* (1995) y del manual de la APA (1994) reflejan la simplificación del formato preferido de documentación. El cambio más sobresaliente (y que comparten los dos manuales) ha sido la eliminación de todas las notas menos las que sirven para explicar algo en el texto; todas las referencias deben citarse al final del trabajo en la bibliografía. Sin embargo, siguen existiendo diferencias —mínimas pero importantes— entre los dos formatos. La colocación de la fecha de publicación, el uso de mayúsculas y minúsculas, el orden de los datos, etcétera, deben seguir el formato escogido. Las diferencias entre los dos formatos pueden verse al comparar la documentación de un texto utilizando los diferentes estilos.

Desde hace tiempo el poder escribir bien se considera la habilidad lingüística más difícil de desarrollar, no tan sólo en una segunda lengua (Chastain, *Developing Second-Language Skills;* Rivers et al.), sino también en la misma lengua nativa:

> ... incluso las obras de los grandes genios son producto de una paciente labor. El estudio de sus manuscritos o de las ediciones sucesivas de sus obras nos revela las numerosas correcciones que sufrieron sus «inspiradas» páginas antes de ir, definitivamente, a la imprenta. También los grandes talentos literarios han dudado al escribir, han reflexionado, han luchado con las palabras y las frases, y han corregido una y otra vez (Martín Vivaldi 17).

En el pasado la dificultad de la composición se empleaba como justificación para dos cosas: primero, que no se debía esperar mucho del que escribía en una segunda lengua (Troyanovich 437), y segundo, que lo que distinguía al escritor novato del experto era el dominio de la gramática evidente en una prosa pulida y libre de errores. Resultado: una metodología que se concentraba casi exclusivamente en aspectos de forma y la erradicación del error (Raimes; Zamel).

En los últimos años se ha visto un cambio profundo —tan profundo, según Hairston, que puede llegar a compararse al *«paradigm shift»* de Kuhn[1]— en la manera en que se conceptualiza el acto de la composición.

Notas

[1]Según la teoría de Kuhn, ocurre un *«paradigm shift»* cuando las nociones aceptadas de una disciplina ya no bastan para explicar gran número de problemas empíricos. Un conocido ejemplo de *«paradigm shift»* es la sustitución del modelo ptolemaico por el copernicense.

Obras citadas

Chastain, K. "An Inventory of Student Composition Errors: End of 4th Semester." *Canadian Modern Language Review* 36 (1980): 637–43.

Chastain, K. *Developing Second-Language Skills: Theory and Practice*. 4th edition. Chicago: Rand-McNally, 1988.

Hairston, M. "The Winds of Change: Thomas Kuhn and the Revolution in the Teaching of Writing." *College Composition and Communication* 33 (1982): 76–88.

Kuhn, T. *The Structure of Scientific Revolutions*. 3rd edition, enlarged. Foundations of the Unity of Science, Volume II, Number 2. Chicago: University of Chicago Press, 1996.

Martín Vivaldi, G. *Curso de Redacción*. 9ª ed., corregida y aumentada. Madrid: Paraninfo, 1982.

Raimes, A. "Anguish as a Second Language: Remedies for Composition Teachers." *Learning to Write: First Language/Second Language*. Eds. I. Pringle and J. Yalden. New York: Longman, 1983. 258–272.

EJEMPLO DEL FORMATO MLA *(continued)*

Rivers W. et al. *Practical Guide to the Teaching of Spanish.* 2nd edition. New York: Oxford University Press, 1988.

Troyanovich, J. "How Defensible Is Writing as an Objective in Short-Term Foreign Language Experiences?" *Foreign Language Annals* 7 (1974): 435–42.

Zamel, V. "Writing: The Process of Discovering Meaning." *TESOL Quarterly* 16 (1982): 195–209.

EJEMPLO DEL FORMATO APA

Desde hace tiempo el poder escribir bien se considera la habilidad lingüística más difícil de desarrollar, no tan sólo en una segunda lengua (Chastain, 1988; Rivers et al., 1988), sino también en la misma lengua nativa:

... incluso las obras de los grandes genios son producto de una paciente labor. El estudio de sus manuscritos o de las ediciones sucesivas de sus obras nos revela las numerosas correcciones que sufrieron sus «inspiradas» páginas antes de ir, definitivamente, a la imprenta. También los grandes talentos literarios han dudado al escribir, han reflexionado, han luchado con las palabras y las frases, y han corregido una y otra vez (Martín Vivaldi, 1982, pág. 17).

En el pasado la dificultad de la composición se empleaba coma justificación para dos cosas: primero, que no se debía esperar mucho del que escribía en una segunda lengua (Troyanovich, 1974, pág. 437), y segundo, que lo que distinguía al escritor novato del experto era el dominio de la gramática evidente en una prosa pulida y libre de errores. Resultado: una metodología que se concentraba casi exclusivamente en aspectos de forma y la erradicación del error (Raimes, 1983; Zamel, 1982).

En los últimos años se ha visto un cambio profundo —tan profundo, según Hairston (1982), que puede llegar a compararse al «*paradigm shift*» de Kuhn[1]— en la manera en que se conceptualiza el acto de la composición.

Notas

[1]Según la teoría de Kuhn (1996), ocurre un «*paradigm shift*» cuando las nociones aceptadas de una disciplina ya no bastan para explicar gran número de problemas empíricos. Un conocido ejemplo de «*paradigm shift*» es la sustitución del modelo ptolemaico por el copernicense.

Referencias

Chastain, K. (1980). An inventory of student composition errors: end of 4th semester. *Canadian Modern Language Review*, 36, 637–43.

Chastain, K. (1988). *Developing Second-Language Skills: Theory and Practice* (4th ed.). Chicago: Rand-McNally.

Hairston, M. (1982). The winds of change: Thomas Kuhn and the revolution in the teaching of writing. *College Composition and Communication*, 33, 76–88.

Kuhn, T. (1996). *The Structure of Scientific Revolutions* (3rd ed., enlarged). Foundations of the Unity of Science, Volume II, Number 2. Chicago: University of Chicago Press.

EJEMPLO DEL FORMATO APA *(continued)*

Martín Vivaldi, G. (1982). *Curso de Redacción* (9ª ed., corregida y aumentada). Madrid: Paraninfo.

Raimes, A. (1983). Anguish as a second language: Remedies for composition teachers. In I. Pringle & J. Yalden (Eds.), *Learning to Write: First Language/Second Language* (págs. 258–272). New York: Longman.

Rivers, W., Azevedo, M., Heflin, W., Jr., & Hyman-Opler, R. (1988). *Practical Guide to the Teaching of Spanish* (2nd edition). New York: Oxford University Press.

Troyanovich, J. (1974). How defensible is writing as an objective in short-term foreign language experiences? *Foreign Language Annals*, 7, 435–42.

Zamel, V. (1982). Writing: The process of discovering meaning. *TESOL Quarterly*, 16, 195–209.

Se notará que, dentro del texto mismo, se indica que la información se tomó de otro texto o fuente en forma diferente. El formato MLA utiliza el apellido del autor más la página de la cual se ha tomado la información citada. Si hay más de una obra del mismo autor en la lista de obras citadas, se incluye en la cita un título abreviado de la obra específica después del appellido. Cuando se incluye el nombre del autor dentro del texto mismo y sólo hay una obra de ese autor en la bibliografía (véanse los ejemplos de Hairston y Kuhn en el modelo), no es necesario incluir más información parentética a menos que sea una cita directa. En ese caso, se incluiría entre paréntesis la página en la cual se encuentra la cita. El formato APA utiliza el apellido del autor más la fecha de publicación de la obra. En los dos casos, es fácil para el lector determinar de dónde se tomaron los datos.

Debe notarse que el formato bibliográfico de notas es distinto al formato que se usa para la lista de obras citadas. Sin embargo, ya que tanto la MLA como la APA ahora recomiendan la eliminación de notas bibliográficas, no se darán aquí ejemplos de su formato. El manual de la MLA incluye información sobre este punto si el escritor la desea.

Abreviaturas

Las siguientes abreviaturas pueden ser de utilidad en la documentación del trabajo de investigación.

TERMINOLOGIA Y ABREVIATURAS USADAS FRECUENTEMENTE EN LA DOCUMENTACION			
Inglés	*Abreviatura*	*Español*	*Abreviatura*
First edition	1st ed.	Primera edición	1ª ed.
Second edition	2nd ed.	Segunda edición	2ª ed.
Third edition	3rd ed.	Tercera edición	3ª ed.
Fourth edition	4th ed.	Cuarta edición	4ª ed.
Translator	trans.	Traductor	trad.
Editor(s)	ed(s).	Editor(es)	ed(s).
Volume	vol.	Volumen	vol.
Number	no.	Número	núm.
No date	n.d.	Sin fecha	s.f.
No pagination	n.p.	Sin paginación	s. pág.
Page	p.	Página	pág.
Pages	pp.	Páginas	págs.
Anonymous	anon.	Anónimo	anón.
Revised	rev.	Corregida[1]	corr.
Enlarged	enl.	Aumentada	aum.
		Ampliada	amp.

[1]Estos términos normalmente se refieren a *ediciones;* por eso se encuentran en forma femenina.

Appendix E

Source Texts*

A la deriva

Horacio Quiroga

El hombre pisó algo blanduzco, y en seguida sintió la mordedura en el pie. Saltó adelante, y al volverse con un juramento, vio a una yararacusú que, arrollada sobre sí misma, esperaba otro ataque.

El hombre echó una veloz ojeada a su pie, donde dos gotitas de sangre engrosaban dificultosamente, y sacó el machete de la cintura. La víbora vio la amenaza y hundió más la cabeza en el centro mismo de su espiral; pero el machete cayó de plano, dislocándole las vértebras.

El hombre se bajó hasta la mordedura, quitó las gotitas de sangre y durante un instante contempló. Un dolor agudo nacía de los dos puntitos violeta y comenzaba a invadir todo el pie. Apresuradamente se ligó el tobillo con su pañuelo y siguió por la picada hacia su rancho.

El dolor en el pie aumentaba, con sensación de tirante abultamiento, y de pronto el hombre sintió dos o tres fulgurantes puntadas que, como relámpagos, habían irradiado desde la herida hasta la mitad de la pantorrilla. Movía la pierna con dificultad; una metálica sequedad de garganta, seguida de sed quemante, le arrancó un nuevo juramento.

Llegó por fin al rancho y se echó de brazos sobre la rueda de un trapiche. Los dos puntitos violeta desaparecían ahora en una monstruosa hinchazón del pie entero. La piel parecía adelgazada y a punto de ceder, de tersa. Quiso llamar a su mujer, y la voz se quebró en un ronco arrastre de garganta reseca. La sed lo devoraba.

—¡Dorotea! —alcanzó a lanzar en un estertor—. ¡Dame caña!

Su mujer corrió con un vaso lleno, que el hombre sorbió en tres tragos. Pero no había sentido gusto alguno.

—¡Te pedí caña, no agua! —rugió de nuevo—. ¡Dame caña!

—¡Pero es caña, Paulino! —protestó la mujer, espantada.

—¡No, me diste agua! ¡Quiero caña, te digo!

La mujer corrió otra vez, volviendo con la damajuana. El hombre tragó uno tras otro dos vasos, pero no sintió nada en la garganta.

—Bueno, esto se pone feo —murmuró entonces, mirando su pie, lívido y con lustre gangrenoso.

*These texts are the basis of the student compositions included in **Capítulo 6: La argumentación (Parte 2).**

Sobre la honda ligadura del pañuelo la carne desbordaba como una monstruosa morcilla.

Los dolores fulgurantes se sucedían en continuos relampagueos y llegaban ahora hasta la ingle. La atroz sequedad de garganta, que el aliento parecía caldear más, aumentaba a la par. Cuando pretendió incorporarse un fulminante vómito lo mantuvo medio minuto con la frente apoyada en la rueda de palo.

Pero el hombre no quería morir, y descendiendo hasta la costa subió a su canoa. Sentóse en la popa y comenzó a palear hasta el centro del Paraná. Allí la corriente del río, que en las inmediaciones del Iguazú corre seis millas, lo llevaría antes de cinco horas a Tacurú-Pacú.

El hombre, con sombría energía, pudo efectivamente llegar hasta el medio del río; pero allí sus manos dormidas dejaron caer la pala en la canoa y tras un nuevo vómito —de sangre esta vez— dirigió una mirada al sol, que ya trasponía el monte.

La pierna entera, hasta medio muslo, era ya un bloque deforme y durísimo que reventaba la ropa. El hombre cortó la ligadura y abrió el pantalón con su cuchillo: el bajo vientre desbordó hinchado, con grandes manchas lívidas y terriblemente doloroso. El hombre pensó que no podría jamás llegar él solo a Tacurú-Pacú y se decidió a pedir ayuda a su compadre Alves, aunque hacía mucho tiempo que estaban disgustados.

La corriente del río se precipitaba ahora hacia la costa brasileña, y el hombre pudo fácilmente atracar. Se arrastró por la picada en cuesta arriba; pero a los veinte metros, exhausto, quedó tendido de pecho.

—¡Alves! —gritó con cuanta fuerza pudo; y prestó oído en vano.

—¡Compadre Alves! ¡No me niegue este favor! —clamó de nuevo, alzando la cabeza del suelo.

En el silencio de la selva no se oyó un solo rumor. El hombre tuvo aún valor para llegar hasta su canoa, y la corriente, cogiéndola de nuevo, la llevó velozmente a la deriva.

El Paraná corre allí en el fondo de una inmensa hoya, cuyas paredes, altas, de cien metros, encajonan fúnebremente el río. Desde las orillas, bordeadas de negros bloques de basalto, asciende el bosque, negro también. Adelante, a los costados, detrás, la eterna muralla lúgubre, en cuyo fondo el río arremolinado se precipita en incesantes borbollones de agua fangosa. El paisaje es agresivo y reina en él un silencio de muerte. Al atardecer, sin embargo, su belleza sombría y calma cobra una majestad única.

El sol había caído ya, cuando el hombre, semitendido en el fondo de la canoa, tuvo un violento escalofrío. Y de pronto, con asombro, enderezó pesadamente la cabeza: se sentía mejor. La pierna le dolía apenas, la sed disminuía, y su pecho, libre ya, se abría en lenta inspiración.

El veneno comenzaba a irse, no había duda. Se hallaba casi bien, y aunque no tenía fuerzas para mover la mano, contaba con la caída del rocío para reponerse del todo. Calculó que antes de tres horas estaría en Tacurú-Pacú.

El bienestar avanzaba, y con él una somnolencia llena de recuerdos. No sentía ya nada ni en la pierna ni en el vientre. ¿Viviría aún su compadre Gaona en Tacurú-Pacú? Acaso viera también a su ex patrón míster Dougald y al recibidor del obraje.

¿Llegaría pronto? El cielo, al Poniente, se abría ahora en pantalla de oro, y el río se había coloreado también. Desde la costa paraguaya, ya entenebrecida, el monte dejaba caer sobre el río su frescura crepuscular en penetrantes efluvios de azahar y miel silvestre. Una pareja de guacamayos cruzó muy alto y en silencio hacia el Paraguay.

Allá abajo, sobre el río de oro, la canoa derivaba velozmente, girando a ratos sobre sí misma, ante el borbollón de un remolino. El hombre que iba en ella se sentía cada vez mejor, y pensaba entretanto en el tiempo justo que había pasado sin ver a su ex patrón Dougald. ¿Tres años? Tal vez no, no tanto. ¿Dos años y nueve meses? Acaso. ¿Ocho meses y medio? Eso sí, seguramente.

De pronto sintió que estaba helado hasta el pecho. ¿Qué sería? Y la respiración también...

Al recibidor de maderas de míster Dougald, Lorenzo Cubilla, lo había conocido en Puerto Esperanza un Viernes Santo... ¿Viernes? Sí, o jueves...

El hombre estiró lentamente los dedos de la mano.

—Un jueves...

Y cesó de respirar.

No oyes ladrar los perros

Juan Rulfo

Tú que vas allá arriba, Ignacio, dime si no oyes alguna señal de algo o si ves alguna luz en alguna parte.

—No se ve nada.

—Ya debemos estar cerca.

—Sí, pero no se oye nada.

—Mira bien.

—No se ve nada.

—Pobre de ti, Ignacio.

La sombra larga y negra de los hombres siguió moviéndose de arriba abajo, trepándose a las piedras, disminuyendo y creciendo según avanzaba por la orilla del arroyo. Era una sola sombra, tambaleante.

La luna venía saliendo de la tierra, como una llamarada redonda.

—Ya debemos estar llegando a ese pueblo, Ignacio. Tú que llevas las orejas de fuera, fíjate a ver si no oyes ladrar los perros. Acuérdate que nos dijeron que Tonaya estaba detrasito del monte. Y desde qué horas que hemos dejado el monte. Acuérdate, Ignacio.

—Sí, pero no veo rastro de nada.

—Me estoy cansando.

—Bájame.

El viejo se fue reculando hasta encontrarse con el paredón y se recargó allí, sin soltar la carga de sus hombros. Aunque se le doblaban las piernas, no quería sentarse, porque después no hubiera podido levantar el cuerpo de su hijo, al que allá atrás, horas antes, le habían ayudado a echárselo a la espalda. Y así lo había traído desde entonces.

—¿Cómo te sientes?

—Mal.

Hablaba poco. Cada vez menos. En ratos parecía dormir. En ratos parecía tener frío. Temblaba. Sabía cuándo le agarraba a su hijo el temblor por las sacudidas que le daba, y porque los pies se le encajaban en los ijares como espuelas. Luego las manos del hijo, que traía trabadas en su pescuezo, le zarandeaban la cabeza como si fuera una sonaja.

El apretaba los dientes para no morderse la lengua y cuando acababa aquello le preguntaba:

—¿Te duele mucho?

—Algo —contestaba él.

Primero le había dicho: «Apéame aquí... Déjame aquí... Vete tú solo. Yo te alcanzaré mañana o en cuanto me reponga un poco.» Se lo había dicho como cincuenta veces. Ahora ni siquiera eso decía.

Allí estaba la luna. Enfrente de ellos. Una luna grande y colorada que les llenaba de luz los ojos y que estiraba y oscurecía más su sombra sobre la tierra.

—No veo ya por dónde voy —decía él.

Pero nadie le contestaba.

El otro iba allá arriba, todo iluminado por la luna, con su cara descolorida, sin sangre, reflejando una luz opaca. Y él acá abajo.

—¿Me oíste, Ignacio? Te digo que no veo bien.

Y el otro se quedaba callado.

Siguió caminando, a tropezones. Encogía el cuerpo y luego se enderezaba para volver a tropezar de nuevo.

—Este no es ningún camino. Nos dijeron que detrás del cerro estaba Tonaya. Ya hemos pasado el cerro. Y Tonaya no se ve, ni se oye ningún ruido que nos diga que está cerca. ¿Por qué no quieres decirme qué ves, tú que vas allá arriba, Ignacio?

—Bájame, padre.

—¿Te sientes mal?

—Sí.

—Te llevaré a Tonaya a como dé lugar. Allí encontraré quien te cuide. Dicen que allí hay un doctor. Yo te llevaré con él. Te he traído cargando desde hace horas y no te dejaré tirado aquí para que acaben contigo quienes sean.

Se tambaleó un poco. Dio dos o tres pasos de lado y volvió a enderezarse.

—Te llevaré a Tonaya.

—Bájame.

Su voz se hizo quedita, apenas murmurada:

—Quiero acostarme un rato.

—Duérmete allí arriba. Al cabo te llevo bién agarrado.

La luna iba subiendo, casi azul, sobre un cielo claro. La cara del viejo, mojada en sudor, se llenó de luz. Escondió los ojos para no mirar de frente, ya que no podía agachar la cabeza agarrotada entre las manos de su hijo.

—Todo esto que hago, no lo hago por usted. Lo hago por su difunta madre. Porque usted fue su hijo. Por eso lo hago. Ella me reconvendría si yo lo hubiera dejado tirado allí, donde lo encontré, y no lo hubiera recogido para llevarlo a que lo curen, como estoy haciéndolo. Es ella la que me da ánimos, no usted. Comenzando porque a usted no le debo más que puras dificultades, puras mortificaciones, puras vergüenzas.

Sudaba al hablar. Pero el viento de la noche le secaba el sudor. Y sobre el sudor seco, volvía a sudar.

—Me derrengaré, pero llegaré con usted a Tonaya, para que le alivien esas heridas que le han hecho. Y estoy seguro de que, en cuanto se sienta usted bien, volverá a sus malos pasos. Eso ya no me importa. Con tal que se vaya lejos, donde yo no vuelva a saber de usted. Con tal de eso... Porque para mí usted ya no es mi hijo. Ha maldecido la sangre que usted tiene de mí. La parte que a mí me tocaba la he maldecido. He dicho: «¡Que se le pudra en los riñones la sangre que yo le di!» Lo dije desde que supe que usted andaba trajinando por los caminos, viviendo del robo y matando gente... Y gente buena. Y si no, allí está mi compadre Tranquilino. El que lo bautizó a usted. El que le dio su nombre. A él también le tocó la mala suerte de encontrarse con usted. Desde entonces dije: «Ese no puede ser mi hijo.»

—Mira a ver si ya ves algo. O si oyes algo. Tú que puedes hacerlo desde allá arriba, porque yo me siento sordo.

—No veo nada.

—Peor para ti, Ignacio.

—Tengo sed.

—¡Aguántate! Ya debemos estar cerca. Lo que pasa es que ya es muy noche y han de haber apagado la luz del pueblo. Pero al menos debías de oír si ladran los perros. Haz por oír.

—Dame agua.

—Aquí no hay agua. No hay más que piedras. Aguántate. Y aunque la hubiera, no te bajaría a tomar agua. Nadie me ayudaría a subirte otra vez y yo solo no puedo.

—Tengo mucha sed y mucho sueño.

—Me acuerdo cuando naciste. Así eras entonces. Despertabas con hambre y comías para volver a dormirte. Y tu madre te daba agua, porque ya te habías acabado la leche de ella. No tenías llenadero. Y eras muy rabioso. Nunca pensé que con el tiempo se te fuera a subir aquella rabia a la cabeza… Pero así fue. Tu madre, que descanse en paz, quería que te criaras fuerte. Creía que cuando tú crecieras irías a ser su sostén. No te tuvo más que a ti. El otro hijo que iba a tener la mató. Y tú la hubieras matado otra vez si ella estuviera viva a estas alturas.

Sintió que el hombre aquel que llevaba sobre sus hombros dejó de apretar las rodillas y comenzó a soltar los pies, balanceándolos de un lado para otro. Y le pareció que la cabeza, allá arriba se sacudía como si sollozara.

Sobre su cabello sintió que caían gruesas gotas, como de lágrimas.

—¿Lloras, Ignacio? Lo hace llorar a usted el recuerdo de su madre, ¿verdad? Pero nunca hizo usted nada por ella. Nos pagó siempre mal. Parece que, en lugar de cariño, le hubiéramos retacado el cuerpo de maldad. ¿Y ya ve? Ahora lo han herido. ¿Qué pasó con sus amigos? Los mataron a todos. Pero ellos no tenían a nadie. Ellos bien hubieran podido decir: «No tenemos a quién darle nuestra lástima.» ¿Pero usted, Ignacio?

Allí estaba ya el pueblo. Vio brillar los tejados bajo la luz de la luna. Tuvo la impresión de que lo aplastaba el peso de su hijo al sentir que las corvas se le doblaban en el último esfuerzo. Al llegar al primer tejabán, se recostó sobre el pretil de la acera y soltó el cuerpo, flojo, como si lo hubieran descoyuntado.

Destrabó difícilmente los dedos con que su hijo había venido sosteniéndose de su cuello y, al quedar libre, oyó cómo por todas partes ladraban los perros.

—¿Y tú no los oías, Ignacio? —dijo—. No me ayudaste ni siquiera con esta esperanza.

Appendix F

Answers to Grammar Exercises

*key: * = las respuestas varían*

CAPITULO 1

Ejercicios de lenguaje

Repaso de aspectos básicos: Usos especiales de los complementos pronominales

Lo «sobreentendido» 1. It's necessary to serve the salad (Salad must be served) at the end, as they do in Spain. (The **lo** has no equivalent in the English version.)   2. And the desserts, if there are any, should be served with coffee. (The **los** is expressed by *any*.)   3. What's the secret? Tell me! (The **lo** has no equivalent in the English version.)   4. As the examples show, these cases happen frequently. (The **lo** has no equivalent in the English version.)   5. The solution is easy, although it may not seem so. (The **lo** is expressed by *so*.)   6. I wish he could control those tendencies, but I know he can't. (The **lo** has no equivalent in the English version.) 7. Everyone should be happy with his (her/their/your) suggestion, and they really are. (The **lo** has no equivalent in the English version.) 8. These methods, according to the experts, allow for greater effectiveness. (The **lo** has no equivalent in the English version.)   9. If you're lucky, you can win; if you're not, then (well) . . . (The **la** has no equivalent in the English version.)   10. The interpretive summary is not proposed simply to condense the material as the short summary (does). (The **lo** has no equivalent in the English version.)   **Lo «redundante»** 1. Esta experiencia, de verdad, hay que vivirla.   2. Las copias, ya las archivé; los originales, los mandé llevar (mandé llevarlos).   3. Este tipo de animal lo encontramos por toda la selva.   4. Este libro, creo que lo pueden encontrar en la biblioteca.   5. El presidente, todos lo admiramos mucho.

Repaso de aspectos gramaticales: *Ser* y *estar:* Usos de mayor frecuencia

Usos en que el juicio se basa en la estructura gramatical A.1.a. es (N) b. Es (N) c. está (P) d. Está (P) e. son (A) 2.a. Es (N) b. Es (A) c. están (P) d. es (N) e. es (N) B.1. ¿Cuándo es el concierto? (*tiempo*) 2. Estaban cantando cuando se apagaron las luces. (*gerundio*) 3. Mi prima quiere ser abogada cuando sea mayor. (*sustantivo*) 4. Los niños están mirando (viendo) un programa nuevo en la televisión.

(*gerundio*)   5. Don Juan es el nombre de un personaje famoso en la literatura española. (*sustantivo*)   6. Los Aguilar son acróbatas con un nuevo circo. (*sustantivo*)   **Usos en que el juicio se basa en el significado de la oración**   A.1.a. sustantivo   b. condición   c. lugar de un evento   2.a. lugar de una cosa   b. sustantivo   c. condición   d. lugar de una cosa   3.a. característica   b. sustantivo   c. condición   d. lugar de un evento   B.1.a. está   b. Está   c. es   2.a. está   b. Es   c. está   3.a. está   b. es   c. son   d. son   4.a. está   b. Es   **Usos de *ser* y *estar* con adjetivos**   A.1.a. rich (*característica*)   b. delicious (*cambio, condición*)   2.a. is (*característica*)   b. looks (*cambio, condición*)   3.a. long (*característica*)   b. felt (unusually) long (*condición que sintió*)   4.a. boring (*característica*)   b. bored (*condición*)   5.a. big size (*característica*)   b. big for someone (*condición*)   B.1. estás   2. Es   3. es (*característica*)   4. está   5. estás   6. eres (*característica*) or estás (*condición*)   7. Es   8. es   9. es   10. estar (*condición*)   11. estar   12. es   13. eres   14. estoy   15. eres   16. está   17. es   18. son   19. es (*característica*) or está (*condición*)   20. es   21. Es   22. estás   23. estoy   24. ser   25. es   26. estar   C.1. Esos hombres quieren estar aquí para el desfile.   2. Los caminos que entran en la ciudad siempre están muy llenos.   3. Por favor, trata de estar listo temprano. Queremos estar en el estadio antes de las siete de la tarde.   4. Esa bebida no es buena para los niños.   5. ¿Cómo está tu padre? Sé que ha estado malo.   6. ¿Cómo es la nueva profesora de biología? Mis amigos dicen que es muy interesante.   7. La comida en este restaurante está muy buena y los precios son razonables.   8. Me dijo que su esposa es nerviosa y enfermiza.   9. La cena será en el nuevo hotel cerca del centro de asamblea (convenciones).   10. Muchas películas extranjeras son excelentes pero la que vi anoche era muy aburrida.

Repaso de vocabulario útil: La realidad espacial; la descripción de personas

A.1. Al entrar   2. A la derecha   3. la izquierda   4. al fondo (hacia atrás)   5. la derecha   6. Debajo de   7. delante de   8. A un lado   9. En medio d[el]   10. A un lado d[el]   11. entre   12. Hacia enfrente   13. encima de   14. al salir   *B.1. tímida   2. verdes   3. chata   4. castaño   5. rizado   6. redonda   7. regular   8. blanca   9. gafas   10. pantalones vaqueros   11. zapatos de tenis   12. traje pantalón   13. botas   14. la chaqueta

CAPITULO 2

Ejercicios de redacción

Aspectos estilísticos: Cómo distinguir entre el trasfondo y la acción en la narración

A. *situación previa:* had broken   *trasfondo:* was standing, was trying to fix, looked, she could hear, playing, approaching, seemed   *acción:* stopped, got out, looked around, walked

Aspectos estilísticos: Vocabulario vivo

*1.a. ofrece   b. mejorar   2.a. sufren   b. explicó   c. acudir   3.a. Abun-

dan b. faltan 4.a. habitantes b. rehúsan 5.a. alguien b. con facili-
dad c. llega a d. expresarse

Ejercicios de lenguaje

Repaso de aspectos básicos: Las preposiciones *a* y *en*

A.1.a 2. en, a 3. en 4. a 5. a 6. en 7. A 8. en 9. en 10. a
B.1. a 2. a 3. a 4. en 5. en 6. en, a 7. a 8. En 9. en, en 10. al

Repaso de aspectos gramaticales: Los tiempos pasados

El pretérito y los tiempos perfectos A.1. *acción completada, acción completada antes de un punto en el pasado* 2. *acción completada con relación al presente* 3. *acción completada* 4. *acción completada antes de un punto en el pasado* 5. *acción completada con relación al presente* B.1. no 2. sí 3. no 4. sí 5. sí 6. no **El uso del pretérito y del imperfecto en la narración** A.1. había 2. Era 3. dormían 4. llegó 5. vestía 6. estaba 7. decidió 8. Sabía 9. iba 10. vivían 11. sentó 12. apoyó 13. permaneció 14. abrió 15. salía 16. Estiró 17. caminó B.1 acción empezada en el pasado 2. descripción 3. cambio mental 4. estado mental 5. estado mental 6. estado físico 7. estado físico 8. estado físico 9. acción completada C.1. me desperté 2. sabía 3. estaba 4. estaba 5. me levantaba 6. estaba 7. llegué 8. me acosté 9. jugaba 10. supe 11. había puesto 12. miré 13. Eran 14. iba 15. me sentía 16. se diera, se había dado 17. estaba 18. estaba 19. Me levanté D.1. El conductor hablaba con algunos de los pasajeros cuando de repente el tren se detuvo. 2. Había mucha gente en el cuarto cuando la muchacha se desmayó. 3. Cuando éramos niños, a menudo visitábamos un parque que estaba cerca de su casa. 4. ¿Cuándo regresaron? Pensaba que tenían reservaciones para dos meses. 5. En 1925, mi abuelo salió de la isla y trabajó en un barco por unos meses. 6. Se dio cuenta de que no tenía el dinero para invitar a Lisa al cine, pero le daba vergüenza decírselo. 7. Después de que ocurrió el accidente, un hombre salió corriendo por la puerta; se vestía (iba vestido) de gris y llevaba (usaba) anteojos. 8. El presidente habló a las nueve de la mañana, pero mucha gente no pudo escucharlo porque estaba en el trabajo. 9. Columbo siempre llevaba un impermeable viejo y fumaba un cigarro; sus preguntas parecían tontas pero siempre pudo atrapar al criminal. 10. Recuerdo que cerraban las escuelas cuando había una nevada grande. 11. La policía detuvo (ha detenido) al hombre que robó esa tienda. 12. Ya habíamos terminado (acabábamos) de limpiar la casa cuando ofreció su ayuda (ofreció ayudarnos). 13. ¿Tradujiste ese ejercicio ayer? 14. Se armó un gran lío porque el perro ladraba (estaba ladrando) justo fuera de la ventana. 15. Me dijeron lo que había pasado y traté de calmarlos.

Corrección de pruebas: Formas

A.1.a. veía → vi b. OK c. Se vio → Se veía d. OK e. OK f. OK g. OK h. OK i. preguntaba → pregunté j. OK k. pensé → pensaba l. desaparecía → desapareció m. Miraba → Miré n. podía → pude

o. se fueron → se habían ido p. Esperaba → Esperé q. volvieron →
volvían r. permaneció → permanecía 2.a. Fue → Era b. OK
c. OK d. se fueron → se habían ido e. hablaba → habló f. habló →
hablaba g. jugó → jugaba h. OK i. Pareció → Parecía B. Elena
hablaba mientras yo comía. Me dijo que quería que yo le ayudara con su
tarea. Me explicó que su profesor era muy exigente. Yo pensé por un momento y luego le dije que no podía ayudarle. Le conté que no tenía
tiempo, pero no la miré a los ojos porque sabía que había mentido.
C. fueron bailando → estuvieron bailando; era cansadísima → estaba
cansadísima; estaban los miembros → eran los miembros; estaba invierno → era invierno; eran abierto → estaban abiertas; era preciosa →
estaba preciosa; Su vestido estaba de seda blanco bordado con pequeños
perlas → Su vestido era de seda blanca bordada con pequeñas perlas;
Estaba de color blanco, una color → Era de color blanco, un color.

Repaso de vocabulario útil: La cronología; reportando el diálogo
A. 2, 7, 16, 18, 11, 21, 5, 13, 1, 15, 3, 6, 10, 20, 12, 14, 19, 9, 17, 8,
4 B.1. antes de 2. Al 3. luego 4. Después de 5. Finalmente
6. Mientras 7. Tan pronto como 8. entonces 9. Al cabo de 10. por fin
C.1.a. preguntó b. respondió c. protestó d. exclamó 2.a. suplicó
b. pregunté c. lamentó d. sugerí 3.a. dijo b. prometí
c. murmuró d. pregunté e. exclamó f. contesté

CAPITULO 3

Ejercicios de lenguaje

Repaso de aspectos básicos: Las preposiciones *por* y *para*
A.1.a. He became a doctor for his parents. (*objetivo*) b. He became a
doctor on account of his parents. (*motivo*) 2.a. I'll do it by (for) tomorrow. (*límite temporal*) b. I'll do it in (during) the morning. (*tránsito
temporal*) 3.a. He/She wants $10 (to be used) for the book. (*objetivo*)
b. He/She wants $10 (in exchange) for the book. (*cambio*) 4.a. He/She
left for the countryside. (*destinación*) b. He/She set out through the
countryside. (*tránsito espacial*) 5.a. I work for my aunt (she's my em-
ployer). (*propósito*) b. I work for (in place of) my aunt. (*cambio*)
B.1. por (*cambio*) 2. para (*destinación*) or por (*tránsito espacial*), por
(*tránsito temporal*) 3. Para (*comparación*) 4. para (*propósito*) 5. por
(*tránsito espacial*) or para (*destinación*) 6. por (*tránsito espacial*) 7. por
(*razón*) 8. Por (*tránsito temporal*) 9. para (*límite temporal*) 10. para
(*objetivo*) 11. por (*motivo*) 12. por (*motivo*) 13. para (*propósito*)
14. por (*motivo*) 15. para (*objetivo*) C.1. Para norteamericano/a, tú
hablas muy bien el español. 2. El español siempre ha sido fácil para
mí. 3. Voy a la librería por unos cuadernos. ¿Traigo algunos para ti
también? 4. Luisa prefiere trabajar por la tarde para tener sus mañanas
libres. 5. Los Rosenberg fueron ejecutados por traición. Sus acusadores
dijeron que trabajaban para los soviéticos. 6. Para que lo sepas, no robé
el banco por el dinero. Lo hice por curiosidad, sencillamente para ver si
podía. 7. Por muchos años Charles pensaba que sus verdaderos padres
estaban muertos. Por eso, no hizo ningún esfuerzo para saber más de
ellos. 8. Para muchos animales, el instinto materno termina con poner
los huevos, que entonces se abandonan. Otros animales trabajan mucho
para proteger su prole y hasta se sacrificarían por ellos.

Repaso de aspectos gramaticales: La voz pasiva

La voz pasiva con *ser*   A.1. La casa fue vendida por el dueño.   2. Los árboles fueron encendidos por los relámpagos.   3. El regalo será devuelto por Felipe.   4. La cena había sido preparada por los criados. 5. Los moros fueron vencidos por los cristianos.   6. Varias obras de García Lorca han sido presentadas por la clase.   C.1. X: *complemento indirecto*   2. X: *verbo de percepción*   5. X: *forma progresiva*   6. X: *verbo de emoción*   9. X: *falta de complemento directo*   D.3.1. La palabra fue pronunciada por el niño.   4. El barco fue vendido por los Maldonado. 7. La batalla fue perdida por los soldados.   8. El banco fue abierto por el guardia.   10. El gato será encontrado por Fernando.   E.1. La casa fue construida hace 25 años por la compañía del Sr. Marino.   2. El gobierno estudiantil fue controlado por la administración universitaria.   3. El alcalde fue invitado por un comité de ciudadanos interesados (preocupados).   4. Sus ideas fueron aceptadas por todos los que asistieron a la reunión.   5. El testigo fue interrogado por los abogados de la defensa.   **La voz pasiva refleja**   A.1. Se vio al soldado.   2. Se habla español aquí. 3. Se vendieron más autos este año que el año pasado.   4. ¿Se traerá más comida mañana?   5. No se entiende a los inmigrantes.   6. Se visitaron los museos.   7. Se visitó a los enfermos.   B.1. Algunas de mis canciones favoritas se escribieron en los sesenta.   2. ¿A qué hora se abren las tiendas de comestibles en este pueblo?   3. Todos sus amigos han sido invitados.   4. Muchos artefactos se donan al museo.   5. Antes de que se acabara el día, todas las cartas se habían escrito y enviado.   6. Durante los meses del otoño, se veían los pájaros todos los días.   7. Se les ha enviado la información necesaria a los estudiantes.   **La reflexiva impersonal**   A.1. Se puede ver la luna desde aquí.   2. Se cree que Tom es un genio.   3. Se oye mucho de la guerra y la violencia.   4. Se dice que ella es su madre.   5. Es el dilema clásico: no se hace preguntas porque no se sabe lo suficiente para saber lo que no se entiende.   6. No se puede aprender a menos que se practique.   B.1. Se sabe que el dinero es una fuerte motivación: no se hace nada sin recompensa.   2. Se dice que esas personas no pueden resolver el problema.   3. No se ha puesto suficiente énfasis en los estudios científicos.   4. Cada año se recibe más ayuda del gobierno y cada año se necesita aún más.   5. Se debe usar la voz pasiva si no se tiene un sujeto específico para la oración.   **La selección entre la voz activa y las varias formas pasivas**   A.1. Se les dio leche y galletas a los niños.   2. Les dieron leche y galletas a los niños.   3. El Congreso está modificando la Constitución este año.   4. La Constitución fue redactada en 1787.   5. Estos platos fueron hechos a mano por los indígenas de Guatemala.   6. Más de dos millones de personas vieron la película.   7. Muchos edificios fueron destruidos por la tempestad. 8. Les enviaron ropa y medicina a los pobres.   9. La silla fue rota por los jóvenes durante la pelea.   10. El grano fue cosechado en el otoño. B.1. Estos libros fueron comprados por Juan.   2. Se compraron varios relojes con el dinero que se recibió.   3. Se dijeron muchas cosas ese día que nunca se olvidarán.   4. Se pagó a los soldados después de que se obtuvieron las armas.   5. El peatón fue matado por el coche.   6. Se observó a los hombres por el espejo.   7. Los polluelos se incubaron electrónicamente.   C.1. Se les dio ayuda especial a los niños por la tarde.

2. Se leyeron estos cuentos el semestre pasado; ¿qué se lee este curso? 3. Durante las fiestas, las casas serán decoradas y comidas tradicionales serán preparadas por las mujeres del pueblo. 4. Nunca se había visto nada parecido. 5. El gobierno fue derribado por las fuerzas izquierdistas. 6. Este suéter, me lo hizo mi abuela. 7. Invitaron a todos mis amigos a la fiesta; hasta invitaron a Puccini el perro. 8. Las invitaciones se enviaron el viernes. 9. El sol y la luna siempre han sido adorados por los pueblos primitivos. 10. El resto del dinero no se ha descubierto.

Corrección de pruebas: Formas

*1. Se habla   2. se dice   3. se han recogido   4. Se ve   5. se encuentra   6. se entiende   7. se recogieron   8. se puede   9. Se sabe   10. se debe

Repaso de vocabulario útil: El análisis y la clasificación

1. consta de   2. Se agrupan en vertebrados... e invertebrados   3. Toda exposición consiste en una...   4. Los árboles se dividen en frutales y ornamentales...   5. Las artes se agrupan en visuales y auditivas. Las visuales constan de la pintura... Las auditivas constan de...   6. se dividen en   7. consiste en   8. El clima no se clasifica... también comprende... 9. se compone de tres partes: lo físico, lo intelectual y lo psicológico   10. Los lagos se agrupan en dos categorías: los de agua dulce y los de agua salada.

CAPITULO 4

Ejercicios de lenguaje

Repaso de aspectos básicos: Verbos con preposiciones

A.1. piensas de   2. cumplió con   3. casarse con   4. falta a   5. tropezó con   6. insistirá en   7. tratan de   8. depende de   9. me acordé de 10. Empezó a   B.1. de, con   2. —, con, —, a   3. a, —   4. en   5. con 6. en   7. de   8. de   9. a   10. en, de, en   C.1. De repente se dieron cuenta de que no llegarían a tiempo.   2. El plomero (fontanero) vendrá a arreglar el grifo mañana.   3. Uno de los jugadores insistió en cambiar las reglas del juego/partido.   4. Debemos enterarnos de qué buscan. 5. Margarita había trabajado mucho, y después de graduarse pudo gozar del sueldo excelente que su título en ingeniería hizo posible.   6. Esperamos que nuestros vecinos dejen de cortar el césped los sábados por la mañana para que podamos dormir hasta más tarde.

Corrección de pruebas: Formas

A.1. se enamoró con → se enamoró de   2. tardó de → tardó en   3. OK
4. soñar en → soñar con   5. aprender cocinar → aprender a cocinar
6. OK   7. Iba pedirle → Iba a pedirle   8. se tropezó a → se tropezó
con   9. insistió con presentarle → insistió en presentarle   10. Pensamos
a casarnos → Pensamos casarnos   11. OK   12. se acordó con → se
acordó de   13. aprender de cocinar → aprender a cocinar   B. Mucha
gente estima → Se estima; fue mayor → era mayor; por el año 2000 →
para el año 2000; Como sugieren las estadísticas → Como lo sugieren las
estadísticas; en el año 2000 → para el año 2000; Es sabido → Se sabe;
para períodos → por períodos; Para su edad → Por su edad; lugares que
tienen → lugares que tengan; salud está → salud es; por este grupo →
para este grupo; es considerado → se considera; va a ser necesario que
hacen ciertos modificaciones en el sistema de transporte público al igual
que en las entradas y salidas de los edificios para que son → va a ser
necesario que se hagan ciertas modificaciones en el sistema de transporte
público al igual que... para que sean; Los mayores deben ser dados → Se
les debe dar a los mayores

Repaso de aspectos gramaticales: El subjuntivo

Lo conocido versus *lo no conocido*   A.1.a. El libro existe: *es
conocido*.   b. El hablante no sabe si existe el libro: *no es conocido*.
2.a. Saben cuál es el trabajo más importante: *es conocido*. Ese es el trabajo que van a hacer primero.   b. En este momento *no se conoce* el
carácter del trabajo que van a hacer primero.   3.a. Reporta *un hecho:* alguien viene.   b. Expresa *un mandato:* quiere que otra persona venga.
4.a. **Cuando** se refiere a *un momento conocido*.   b. **Cuando** se refiere a
un momento no conocido.   5.a. El hablante tiene *poca duda*.   b. El
hablante *duda*.   6.a. *Afirmación:* trabajan hasta terminar el trabajo (es
una costumbre conocida).   b. *Anticipación:* el fin del trabajo está en el futuro (**hasta que** se refiere a *un momento no conocido*).   7.a. *Afirmación:*
la manera en que se hizo la explicación tuvo *el resultado deseado* (todos
entendieron la idea).   b. Se espera que todos vayan a entender, pero todavía no se ha llevado a cabo la explicación. La explicación (y el resultado) está fuera de nuestra experiencia; *el resultado no es conocido*.
8.a. Lo que tienen que hacer *es conocido* y se sabe que es difícil.   b. En
este momento *todavía no se sabe* si lo que necesitan aprender es difícil o
no: está fuera de nuestra experiencia.   B. En todos estos ejemplos, cuando
se usa el subjuntivo es porque se refiere a algo que está fuera de lo que
el hablante considera real; el indicativo es siempre una afirmación de
algo que el hablante conoce.   1. Es importante que... Se expresa *un deseo* relacionado con algo (que todos sepan la verdad). Se afirma el deseo,
pero no lo que saben.   2. *La acción* de llamar *es hipotética*.   3. La
cláusula después de **no porque** se refiere a *algo que no existe* → *subjuntivo*. La cláusula después de **sino** se refiere a *algo conocido* →
indicativo.   4. La manera de hablar *es conocida*.   5. El momento en que
Ud. se va al banco está en el futuro; *no ha ocurrido todavía*.   6. La
cláusula después de **es que** afirma *algo conocido* → *indicativo*.   7. La
máquina no existe; *no puede ser conocida*.   8. La cláusula después de
dispone que hace referencia a *una acción futura*.   9. No se sabe cuánto
va a costar: **por mucho que** se refiere a *una cantidad no conocida*.

10. Afirmación sobre *algo aceptado como hecho.*   C.1. No conozco a nadie que aún limpie ventanas.   2. Es importante que todos estén aquí para las ocho de la noche.   3. Conocemos a muchos estudiantes que trabajan a tiempo parcial durante el año escolar.   4. El Sr. Chávez dudaba que su compañía pudiera terminar el proyecto tan pronto.   5. Les escribiremos a los Rivera tan pronto como consigamos su dirección.   **El subjuntivo de emoción y comentario personal**   A.1. *emoción*   2. *acción no conocida; tiempo no conocido*   3. *conocido*   4. *no conocido*   5. *conocido*   6. *emoción; conocido*   7. *conocido*   8. *futuro (no conocido); tiempo no conocido*   9. *alternativas hipotéticas; no conocido*   10. *cláusula principal*   11. *no conocido*   12. *interdependencia*   B.1. son   2. vaya   3. puede   4. sirvamos   5. recuerde   6. toque   7. vivan   8. salga   9. den   10. es; castiguen   11. haya   12. tienen; actúen   C.1. Todos dicen que se encontrará una cura dentro de unos años.   2. Ojalá que mi novia tuviera un coche mejor.   3. El sentía que hubiera perdido mi trabajo.   4. Los reporteros nos aseguraron que el presidente estaría en la conferencia. 5. Tenía miedo de que no tuvieran suficiente dinero para pagar el alquiler.   **El subjuntivo en otras construcciones**   1. Que sepamos, no hay vida en la luna.   2. La próxima semana tendrás que dar tu discurso, estés listo/a o no.   3. Quizás (nos) haya llamado cuando estábamos fuera.   4. Margaret es, que yo sepa, la única graduada universitaria de nuestra oficina.   5. Para evitar una espera de una hora debemos, tal vez, hacer una reservación para la cena.   **El subjuntivo en oraciones condicionales**   A.1. tuviera   2. contestarían   3. fue   4. habría; hubiera   5. existe   6. tuviera; escribiría   7. fuera   8. han   B.1. De haber preparado mejor; If you/they had prepared the arguments better, you/they would have won the debate.   2. no te hubieran dicho eso; If you hadn't insulted them, they wouldn't have said that to you.   3. Hubiera sido preferible tomar otra decisión; It would have been better to make another decision if the circumstances had allowed.   4. De tener más apoyo político; If I/you/he/she had more political support, I/you/he/she would win the election.   5. De haber sabido de la tragedia, se hubiera mandado ayuda; If people had known about the tragedy, help would have been sent.   C.1. Si hubieran sido buenos trabajadores, habrían terminado ya hace mucho tiempo.   2. Si Felipe gana suficiente dinero antes de julio, iremos a Disney World.   3. Si yo te diera cien dólares, ¿qué harías con ellos?   4. Si hay tantos apartamentos, ¿por qué no podemos encontrar uno?   5. Los científicos dijeron que si los volcanes en México no hubieran estado en erupción, habría hecho mejor tiempo los últimos años.   **El uso de los tiempos con el subjuntivo**   A.1. Dudo que ganen el partido.   2. Es triste que estuviera enfermo.   3. No tengo ningún amigo que sea cubano.   4. Es increíble que lo haya aprendido en dos horas.   5. No creían que tuviera veinte años.   6. Les parecía poco probable que fuera buena idea.   7. No llegó nadie que lo hubiera visto.   8. Es trágico que se haya muerto joven.   9. Se pusieron tristes que poco a poco se muriera.   10. Quieren ver una película que haya ganado diez premios.   B.1.a. Esperamos que nos visiten el año que viene.   b. Esperamos que se estén divirtiendo (estén divirtiéndose).   c. Esperamos que hayan ido al museo.   d. Esperamos que no hicieran demasiado ruido.   2.a. Dudaban que lo hiciera.   b. Dudaban que comprendiéramos.   c. Dudaban que les hubiera escrito.   **El uso del subjuntivo: Un poco de todo**   1. quiera   2. sean, tienen   3. vea   4. asis-

tir, tengan   5. resuelva   6. tiene   7. se burla   8. esté   9. traer
10. recibas   11. sepa, sirve   12. trabajen   13. quieras, rompas   14. haya
15. tengamos, tuviéramos

Corrección de pruebas: Formas

acabe → acaba, recibiera → recibió, permite → permita, tiene → tenga,
hay → haya, puede → pueda, tenía → tuviera, falten → faltan

Repaso de vocabulario útil: Comparación/contraste; causa/efecto; introducciones/conclusiones

A.1. a diferencia del   2. al igual que   3. Tanto... como   4. no obstante   5. se parece a, a diferencia de   B.1. pero   2. sino   3. Generalmente   4. Lo primero   5. luego   6. por eso   7. Aunque   8. Quizás
9. pero   10. Todavía   11. aunque   12. desgraciadamente   *D.1. conviene
estudiar (hay que tener presente)   2. en cuanto a (con respecto a)   3. hay
que tener en cuenta   4. por lo que se refiere a (en lo tocante a)
5. ponemos de relieve (destacamos)   *E.1. En el fondo (En realidad);
por consiguiente (por lo tanto)   2. En resumen (En resumidas
cuentas)   3. Comoquiera que se examine el hecho   4. En definitiva
(Después de todo)   5. En resumidas cuentas (A fin de cuentas)

CAPITULO 5

Ejercicios de lenguaje

Repaso de aspectos básicos: La oración compuesta

A.1. C   2. S   3. S   4. C   5. C   6. S   7. C   8. S   9. S   10. S   B.1. Quiere
ir al zoológico pero no tiene bastante dinero.   2. El señor salió y volvió
con los dulces.   3. No terminará hoy sino que lo dejará para mañana.
4. Tiene que regar las flores o se morirán.   5. Juanita me regaló un disco
y también me invitó a cenar.   6. El estudiante prestó mucha atención
pero no comprendió nada.   7. No le prestó el tocadiscos, sino que se lo
alquiló.   *C.1. Te daré $5,00 si me cortas la hierba.   2. Dijeron que ven-
drían más tarde.   3. Le dimos de comer para que no se quejara.   4. Es
muy generoso aunque no tiene mucho dinero.   5. No encontraron
asiento porque llegaron tarde.   6. Cuando leas estos artículos, entenderás
mejor nuestra posición.   7. Aunque sabe la dirección, no quiere dármela.
(Sabe la dirección pero no quiere dármela.)   8. Te prestaré mi vestido
nuevo para que (cuando) te veas más alegre. (Te prestaré mi vestido
nuevo y te verás más alegre.)   *D.1. Como es alta, será buena jugadora
de basquetbol.   2. Mañana vienen con tal de que prometamos escucharlos.   3. Por más que nos dediquemos a la práctica, no seremos músicos.
4. Francisco terminó la carrera antes de que lloviera.   5. Quédate aquí
hasta que llegue un taxi.   6. Tendré que amanecer como no he terminado la lectura para la clase.   7. No comprenderá esa teoría hasta que se
la expliquen.   8. No podré comprar la pintura antes de que gane más
dinero.   *E.1. Cuando vengan, se lo diremos.   2. Todos mis amigos
viven cerca de mi casa y se llevan bien con mis padres.   3. Quieren estu-

diar más aunque el costo de los estudios es prohibitivo. 4. Si han llegado todos, podemos empezar. 5. Un compañero mío, cuyos padres lo miman mucho, es hijo único. *F.1. Mi hermano tiene un perro que se llama Hooper y que es muy listo. Como mi hermano lo ha entrenado, puede hacer muchas maromas. 2. Durante el año escolar, que dura desde septiembre hasta fines de abril, espero con ansiedad el primer día de mayo, porque solamente en verano puedo disponer de tiempo para mí solo. 3. Escribir un buen ensayo que se basa en la creatividad además de la razón es un arte, el cual exige mucha práctica y paciencia. 4. El reggae, que tiene sus orígenes en la isla de Jamaica, es una forma de música derivada en parte del calipso. Bob Marley y Peter Tosh son dos de los intérpretes más conocidos de esta música, cuyos temas principales son la opresión y la libertad. 5. Hoy día muchas ciudades apoyan el desarrollo del arte público, para el cual reservan un porcentaje del dinero conseguido en las emisiones de bonos para el arte. El arte público, que se encuentra en plazas, parques, frente a los edificios de algunas corporaciones y en paradas de autobuses, generalmente consiste en esculturas al aire libre o murales.

Repaso de aspectos gramaticales: Los pronombres relativos

A.1. que 2. que 3. que, los que, los cuales 4. lo cual 5. la cual, la que 6. el cual 7. a que, al que, al cual 8. quienes, los cuales 9. el cual, el que; que 10. quien, la que *B.1. El puente Golden Gate de San Francisco, que es muy largo, es conocido por todo el mundo. 2. Compré un aparato con el que puedo pelar patatas. 3. Inventaron un aparato complicado con el cual es posible guiar los rayos láser. 4. Las ventanas de los coches, las cuales diseñaron este año, son electrónicas. 5. Todas estas parejas que antes estaban casadas todavía mantienen una relación amigable. 6. En el libro se describe un proceso mediante el cual se extrae la sangre del cuerpo para purificarla. 7. Todos los procesos de los que nos hablaron tienen grandes repercusiones en las personas que sufren de enfermedades cardíacas. 8. El árbol, en el que el ladrón había escondido las joyas, fue destruido durante una tempestad. 9. La duquesa de quien el ladrón había robado las joyas ya se había muerto, lo cual causó problemas jurídicos. 10. Existen muchos fenómenos cuyas explicaciones no se basan en la ciencia. C.1. Miguel Angel Asturias es uno de los escritores latinoamericanos que ha recibido (a quien le han otorgado) el Premio Nobel de literatura. 2. Los Santiago son las personas cuya casa mi cuñado compró. 3. El músico con quien estudié murió en un accidente hace unos meses. 4. Quienes (Los que) huyeron del enemigo durante la guerra encontraron nuevas casas en un país vecino. 5. La jóven pareja polaca de la que me has oído hablar tanto llega esta tarde para una visita. D.1. El libro del que hablaba el profesor aún no está disponible en la biblioteca. 2. Su último concierto, que fue en el estadio, tuvo un gran éxito. 3. El semestre durante el cual los/las conocí fue muy difícil para mí. 4. Ese es el museo cuya colección de artefactos indígenas más nos interesa. 5. Los resultados de la investigación, los cuales acaban de ser revelados, prueban que su muerte fue un accidente. E.1. Lo que más le interesa es ganar el torneo. 2. Por fin asistió a su graduación, después de la cual sus amigos le hicieron una gran fiesta.   3. Manejaron muy rápido, lo cual resultó en que el policía les puso una multa.   4. Juan no compró nada que su compañero de cuarto había pedido.   5. Linda nunca llegaba a tiempo, por lo cual finalmente fue despedida.

Corrección de pruebas: Formas
A. los cuales → que; los que → que; los cuales → los que; cual → las cuales; la que → que; el que → lo cual; la cual → que   B. ciertas calles del sector céntrico han sido convertido → han convertido ciertas calles del sector céntrico; donde no puedan → donde no pueden; ley cual es llamada → ley llamada (*or* que se llama); un conductor toca → un conductor toque; Si un conductor quien viola la ley es sorprendido por la policía, recibe una multa → Si la policía sorprende a un conductor que viola la ley, le pone una multa.

Repaso de vocabulario útil: Los argumentos
1. A causa de   2. Según   3. Los partidarios, Los contrincantes
4. mantienen que, está de acuerdo con, es evidente que, de antemano

CAPITULO 6

Ejercicios de lenguaje

Repaso de aspectos básicos: Las formas no personales del verbo
El gerundio: El «adverbio verbal»   1. Siendo   2. Caminando de puntillas   3. Oyendo el tumulto afuera   4. Machacando la mezcla una y otra vez   5. Dividiendo el total entre todos   **El infinitivo: El «sustantivo verbal»**   1. Al hacer las pruebas científicas   2. Al desarrollar la película   3. al hablar con un desconocido   4. Al llegar al cine, Ernesto   5. al mecerlo en la cuna   **El participio: El «adjetivo verbal»**   A.1. Examinados los paquetes, el jefe firmó el recibo. 2. Tomada la decisión, se sintieron muy aliviados.   3. Cerradas las facultades, no había lugar en donde los estudiantes pudieran reunirse.   4. Escrito el trabajo, Marta pudo concentrarse en su presentación.   5. Casados hace más de siete años, Felipe y Diana han tenido unas relaciones muy difíciles.   B.1. Practicando   2. Hechas las tareas   3. Al enterarse de que lo estábamos esperando   4. no sabiendo nadar   5. Lavada

Repaso de aspectos gramaticales: El uso del gerundio
El uso verbal del gerundio   A.1. Habíamos estado leyendo   2. seguía cantando   3. Vinieron corriendo   4. estaba entrevistando   5. estaba cosiendo   6. escuchaba   7. Estábamos sembrando   8. Ha estado caminando   9. viajarán   10. Habíamos planeado   B.1. no, *futuro*   2. sí   3. no, *posición*   4. no, *futuro*   5. no, *duración*   6. no, *futuro*   7. sí   8. no, *posición*   9. sí   10. no, *ir*   C.1. Estaba lloviendo   2. estaba sentada   3. Estaba leyendo   4. seguía haciendo punto (seguía tejiendo)   5. habíamos jugado   6. se acercaban   7. venía llevando   8. empezaba   D.1. Los niños seguían jugando aun después de que empezó a llover.   2. Papá nos escribió para decirnos cuándo llegaría.   3. El hijo de mi vecino ha practicado el basquetbol todo el verano.   4. El conductor ya estaba parado delante de la orquesta cuando se apagaron las luces.   5. La noche antes de un examen, los profesores esperan que los estudiantes estén estu-

diando y que no estén fuera bebiendo.   6. La última vez que vi al Sr. Vigil, estaba reclinado muy cómodamente en una hamaca en el jardín. 7. Si conozco a Dolores, ella estará escribiendo su informe mucho después de medianoche.   **El uso adverbial del gerundio**   1. Pasé el día pensando en ti.   2. Recogiendo todo el dinero por sí solo, Guille ahorró mucho tiempo.   3. Esperando su tren, se dio cuenta de cuánto lo había extrañado.   4. Viendo que no queríamos entrar en la oficina, salió para hablarnos.   5. Sintiéndome mal, no quise ir al concierto.   6. Llevando el vino, se cayó.   7. Ganando poco, tuvimos que pedirles dinero prestado a nuestros padres.   8. El viejo pasó el invierno cortando árboles. 9. Viendo lo bonito que era la mesa, decidió comprarla.   10. Anoche, después del partido, se fueron por toda la ciudad cantando y gritando. **Usos inapropiados del gerundio**   1. Me dio papel de escribir bonito para mi cumpleaños.   2. Comer mucho sin hacer ejercicio te aumentará de peso.   3. Tomamos lecciones de cantar este semestre.   4. Dijeron que habían visto un platillo volante anoche.   5. El hombre parado delante de la tienda está recogiendo latas de aluminio.   6. Buenas destrezas de leer son esenciales para el éxito en la escuela.   7. La caja que contiene sus juguetes está en el sótano.   8. Mi compañero de cuarto siguió estudiando después de que yo me acosté.   9. Van a comprar sus anillos de boda.   10. El apartamento no tenía agua corriente ni luz.

Corrección de pruebas: formas

A. Bailando → Bailar, estado teniendo → tenido, bailando → bailar, dirigiendo → dirigir, dirigiendo → dirigir, bailando → bailar, dirigiendo → dirigir, bailando → bailar, dirigiendo → dirigir, Habiendo hecho → Hecha   B. saben → sepan, sea → es, nieguen → niegan, triunfa → triunfe, tiene → tenga, ayudan → ayuden, sea → es, logra → logre, volverá → vuelve

Repaso de vocabulario útil: Las transiciones; resumiendo y comentando la acción de una obra

I. El vocabulario para marcar las transiciones
1. d   2. g   3. b   4. e   5. c
II. El vocabulario para comentar un texto argumentativo
1. e   2. d   3. a   4. f   5. c

Indice

Note: page numbers within brackets, e.g., [59–71], refer to the *Cuaderno de práctica*. All other page numbers refer to the main text.

ensayo
    argumentativo. *Véase*
        argumentación
    sobre literatura. *Véase*
        literatura
    respuesta en forma de. *Véase*
        Apéndice B
esperar, 143
esquema del trabajo (bosquejo),
    69, 105–108, 112, 122
    en la argumentación, 150–151,
        156–157, 199, 200–204
estar
    con adjetivos, 31–32, [14–16]
    con adverbios, 29–30
    con gerundio, 29–30, 233
    para indicar postura física,
        234
    y *ser*, 29–32, [12–17], [21–22],
        [29–30], [42–43]
estilo, manuales sobre. *Véase*
    [Apéndice D]
evidencia
    en la argumentación, 152–153,
        154
    citas, 85–86
    en el ensayo sobre literatura,
        194, 195–204
    en la exposición, 63, 69, 74,
        108, 109
explicación (sobre literatura),
    187
exposición, 62–97, 103–136
    análisis y clasificación, 64–83,
        191, [56–57]
    caracterización del lector, 84,
        [57–59]
    causa y efecto, 104, 109–113,
        114–118, 122, [80–82],
        [105]
    clasificación. *Véase* análisis
    comparación y contraste, 64,
        104–108, 114–118,
        121–122, 191, [79–80],
        [105]
    definición, 63–65, 107, 108,
        148, 156
    generación de ideas, 75–83,
        114–122, [48–51], [75–78]
    organización de ideas, 84–91,
        105–108
    plan de redacción, 92–93,
        132–133, [53]
    revisión (del contenido),
        94–102, 133–146,
        [59–61], [88–90]
    tema: escoger y limitar, 66–68,
        74, 106–107, 123–124,
        [51–52]
    tesis: elaboración, 69,
        106–107, 112, [54]
    vocabulario útil, [72–74], [105]

formas no personales del verbo,
    231–233, [145–148]

generación de ideas
    en la argumentación, 157–163,
        213–219
    en la descripción, 4–9, [1–4]
    en la exposición, 75–83,
        114–122
    en la narración, 38–44
gerundio, 231, 232–234,
    [145–146], [148–152]
grupos de consulta, 20, 22–27,
    54–56, 94–96, 133–135,
    173–177, 226–229. *Véanse
    también* Apéndice C *y*
    [Apéndice B]
guías y señales retóricas, 105
    conclusiones, 122, 125
    introducciones, 122–124
    títulos, 219–221
    transiciones, 221–222

humor en la argumentación,
    168

idea principal, 9, 63. *Véase
    también* tesis
imperfecto, 58, 60–61, [29–30],
    [38–42], [47]
infinitivo, 231–232, 234, [146]
introducciones, 105, 106,
    122–124, 191–193, 195,
    [105]
investigación, trabajo de. *Véanse*
    Apéndice A *y* [Apéndice D]

lector
    anticipación de, 191–193, 224,
        [7–8]
    caracterización de, 9–17,
        84–85, 164, [57–59]
    propósito de, 2, 9, 10–13, 18,
        45–48, [4], [27], [31–32]
lenguaje, 13
    en la argumentación, 149,
        167
    «personal», 222–224,
        [139–140]
    vivo, 86, [30–31]
libre asociación, 4. *Véase
    también* generación de
    ideas
literatura, ensayo sobre,
    185–230, [134–157]
    carácter, 197–198
    críticos literarios, 189, 198
    definición, 186–191
    evidencia, 194–204
    generación de ideas, 212–219,
        [134–136]
    partes principales, 191–195

plan de redacción, 225–226,
    [137]
revisión (del contenido),
    226–235, [141–144]
tesis, 188, 193, 198–199
titulación, 219–221
vocabulario útil, [154]
literatura, trabajo de
    investigación sobre. *Véanse*
    Apéndice A *y* [Apéndice D]
lógica incorrecta, 122
lo(s) cual(es), 179–183
lo(s) que, 179–183

mapa semántico (ejemplo), 21,
    [3], [26–27]
mayúsculas. *Véase* [Apéndice C]
mensaje, llegar al núcleo de,
    126, 131–132

narración, 33–57
    acción y trasfondo, [29–30],
        [47]
    contenido y organización, 37,
        45–48, [26–27], [30–32]
    definición, 34
    y descripción, 35–36, 42
    y diálogo, 44, [44]
    generación de ideas, 38–44,
        [24–26]
    partes principales
        (presentación...
        desenlace), 34
    punto de vista y perspectiva,
        35, 48–49
    revisión (del contenido),
        54–61, [29–31], [32–35]
    tono, 49
    vocabulario útil, [43–46]
«nutshelling», 126

objetividad, 74, 86, 107, 164,
    166–167
ojalá, 143
oración
    compuesta, [123]
    condicional, 144–145
    simple, 178
    temática, 105–106, 195, [83]
    de transición, 221, [140]

para: y *por*, [62–65]
paralelismo (en la comparación),
    [79–80]
párrafo
    de apoyo, 194–195
    conclusión, 122, 125, 195,
        [86–88]
    introducción, 122–124, 191,
        193, [86–88]
    oración temática, 105–106,
        195, [83]

párrafo *(continued)*
    organización, 105–106, [82–88]
    de resumen, 191
    de transición, 221
    unidad, [83–84]
participio: «adjetivo verbal»,
    232, [147]
«peer editing». *Véase* [Apéndice
    B]
    actividades con grupos de
        consulta: 20–27, 54–56,
        94–96, 133–135, 173–177,
        226–226
personalidad: vocabulario útil,
    [18–22]
personas (aspectos físicos):
    vocabulario útil, [18–21]
plan de redacción, 18
    para la argumentación,
        171–173
    para la descripción, 18–20, [5]
    para el ensayo sobre
        literatura, 225–226, [137]
    para la exposición, 92–93,
        132–133, [53], [78]
    para la narración, 53–54, [28]
pluscuamperfecto, 58–59
por
    y *para*, [62–65]
    y la voz pasiva, 98
postura contraria, 149–151,
    152–153, 157, [116–117]
pregunta central. *Véase* tesis
preposiciones
    a y *en*, [36–37], [47], [90–94]
    por y *para*, [62–65]
    con pronombres relativos,
        179–181, 183
    con verbos, [90–94]
presentación, 34
presente perfecto, 58–60, [38–42]
pretérito, 58–60
    y imperfecto, 60–61, [29–30],
        [38–42], [47]
    y tiempos perfectos, 58–60
progresivo. *Véase* gerundio
pronombres relativos, 178–183,
    [127–130]
propósito del escritor
    en la argumentación, 148–149,
        156
    en la descripción, 9, [4]
    en el ensayo sobre literatura,
        186, 191, 192
    en la exposición, 64, 107–108,
        112, 126
    en la narración, 37–38, [27]
    en el trabajo de investigación.
        Véase Apéndice A
propósito del lector. *Véase* lector
punto de vista, 35, 48–49
    en la argumentación, 149

en la exposición, 107
en la respuesta en forma de
    ensayo. *Véase* Apéndice B
puntuación, 85–86. *Véase*
    también [Apéndice D]

que, 179, 180, 181, 182, 183
quien(es), 179, 180, 181
quizá(s), [99]

realidad espacial (lugares):
    vocabulario útil, [17],
    [20–22]
redacción libre, 5–7, 77–78,
    [49–50], [76]
refleja, voz pasiva, 100–102,
    [67–68]
reflexiva impersonal (voz
    pasiva), [68–69]
relación causativa *versus*
    relación de orden, [80–82]
reserva personal *y* subjuntivo,
    [99]
resolución, 34
respuesta en forma de ensayo.
    Véase Apéndice B
respuestas a los ejercicios. *Véase*
    [Apéndice F]
resumen, 187, 191, 192, 193,
    194, [138]
    vocabulario útil, [154]

saltos de pensamiento o
    razonamiento, 122
«scoring, holistic and
    analytical». *Véase*
    Apéndice C
se, con la voz pasiva refleja,
    100–102
ser
    con adjetivos, 30–32, [14–16]
    con adverbios, 29–30
    y *estar,* 29–32, [12–17], [21–
        22], [29–30], [42–43]
    con sustantivos, 29
    y la voz pasiva, 97–99, 101–
        102, [65–67]
si, en oraciones condicionales,
    144–145
sílabas. *Véase* [Apéndice C]
«source texts». *Véase* [Apéndice E]
«student writing, responding
    to». *Véase* Apéndice C
subjuntivo, 137–145, [95–105]
    cláusulas subordinadas, 137–
        142
    comentario personal, 137,
        142–143, [97–98]
    conocido *versus* no conocido,
        138–140, [95–96]
    de emoción, 142–144, [97–98]
    formas perfectas, 145

lo indefinido, 140–141
para indicar reserva personal,
    [99]
oraciones condicionales,
    144–145, [100–101]
pasado, 144–145
secuencia de tiempos,
    144–145, [101–105]

tal vez, [99]
tema
    en la argumentación, 148–151,
        154, 157
    en la descripción, 5, 8, 9, 12, 14
    en el ensayo sobre literatura,
        187–188
    en la exposición, 63–68, 70,
        74, 76, 77, 104–105, 106,
        123, 124
    y el lector, 84, 104
    en la narración, 41, 43
    de párrafo, 105–107
    en la respuesta en forma de
        ensayo. *Véase* Apéndice B
    en el trabajo de investigación.
        Véase Apéndice A
    y el título, 219–220
temer, 143
tesis,
    en la argumentación, 148–151,
        152, 156–157
    definición, 63–64
    elaboración, 69–70
    en el ensayo sobre literatura,
        187–188, 191, 193–197,
        198–199
    en la exposición, 69, 106–107,
        108, 112, 123–124, [54–55]
    en la respuesta en forma de
        ensayo. *Véase* Apéndice B
    y el título, 219–221
    en el trabajo de investigación.
        Véase Apéndice A
tiempos pasados (del indicativo),
    46, 58–61, [37–42]
la titulación, 219–221
    uso de mayúsculas. *Véase*
        [Apéndice C]
tono,
    en la argumentación, 149,
        166–168, 188
    definición, 49–50
    en la descripción, 13, 14
    en la exposición, 64, 86, 113,
        [71–72]
    en la respuesta en forma de
        ensayo. *Véase* Apéndice B
    y título, 220–221
trabajo de investigación. *Véase*
    Apéndice A
transiciones, 221–222, [140–141]
    vocabulario útil, [153]

We are pleased to announce that the Third Edition of **Composición: Proceso y síntesis** is accompanied by new Spanish writing software.

This optional software was developed in collaboration with The Daedalus Group, Inc., and is derived from their award-winning Daedalus Integrated Writing Environment (DIWE) software.

The **Composición** software, which includes a word processing program, enhances the writing process through pre-writing and peer-discussion modules.

Students have at their fingertips a variety of tools, including a Spanish thesaurus, spell-checker, and grammar reference.

Writing tips and other useful information are also available in the software in the form of an electronic Handbook.

To request a copy of the writing software, please contact your local McGraw-Hill representative.

McGraw-Hill College
A Division of The McGraw-Hill Companies

ISBN 0-07-066817-5

90000
9 780070 668171

www.mhhe.com